北大版对外汉语教材·基础教程系列

风光汉语

初级听力 Ⅱ

丛书主编　齐沪扬　张新明

主　　编　张新明

张新明　王小平　张　黎　李思旭
袁　丹　易查方　左世亮

编著

图书在版编目（CIP）数据

风光汉语：初级听力 Ⅱ / 张新明主编．—北京：北京大学出版社，2009.1
（北大版对外汉语教材·基础教程系列）
ISBN 978-7-301-14217-2

Ⅰ．风… Ⅱ．张… Ⅲ．汉语-听说教学-对外汉语教学-教材 Ⅳ.H195.4

中国版本图书馆 CIP 数据核字（2008）第 135403 号

书　　　名：	风光汉语·初级听力 Ⅱ
著作责任者：	张新明主编
责 任 编 辑：	邓晓霞
标 准 书 号：	ISBN 978-7-301-14217-2/H·2059
出 版 发 行：	北京大学出版社
地　　　址：	北京市海淀区成府路 205 号　100871
网　　　址：	http://www.pup.cn
电 子 信 箱：	zpup@pup.pku.edu.cn
电　　　话：	邮购部 62752015　发行部 62750672　出版部 62754962　编辑部 62752028
印 刷 者：	三河市博文印刷有限公司
经 销 者：	新华书店
	787 毫米×1092 毫米　16 开本　20.75 印张　382 千字
	2009 年 1 月第 1 版　2018 年 1 月第 4 次印刷
定　　　价：	62.00 元(全 2 册，附 1 张 MP3)

未经许可，不得以任何方式复制或抄袭本书之部分或全部内容。
版权所有，侵权必究
举报电话：010-62752024　电子信箱：fd@pup.pku.edu.cn

前　言

随着社会经济的发展，旅游日益成为人们生活中密不可分的重要部分。世界各地和中国都有着丰富的旅游资源，来中国旅游的外国游客数量逐年递增，中国公民的境外游人数也以惊人的速度上升。据世界旅游组织预测，到2020年，中国将成为世界上第一大旅游目的地国和第四大客源输出国。这种不断发展的新态势，促使日益兴旺的对外汉语教学事业需要朝着多元化的方向发展：不仅要满足更多的外国人学习汉语的需要，而且还要培养出精通汉语，知晓中国文化，并能够用汉语从事旅游业工作的专门人才。大型对外汉语系列教材《风光汉语》，正是为顺应这一新态势而编写的。

上海师范大学对外汉语学院设有HSK（旅游）研发办公室。作为国家级重点项目"汉语水平考试（旅游）"的研发单位，依靠学院自身强大的学科优势与科研力量，经过详尽的调查分析与严密的科学论证，制定出"HSK [旅游] 功能大纲"和"HSK [旅游] 常用词语表"，为编写《风光汉语》奠定了重要的基础。而学院四十多年的对外汉语教育历史和丰富的教学经验，以及众多专家教授的理论指导和精心策划，更是这套教材得以遵循语言学习规律，体现科学性和适用性的根本保证。

上海师范大学对外汉语学院2005年申报成功上海市重点学科"对外汉语"。在重点学科的建设过程中，我们深刻地认识到教材的编写与科学研究的支撑是分不开的。HSK（旅游）的研发为教材的编写提供了许多帮助，可以这么说，这套教材就是HSK（旅游）科研成果的转化形式。我们将这套教材列为重点学科中的科研项目，在编写过程中给予经费上的资助，从而使教材能够在规定的期限内得以完成。

从教材的规模上说，《风光汉语》是一套体系完整的对外汉语教材，共分26册。从教材的特点上说，主要体现在以下几个方面：

一、系统性

在纵向系列上，共分为六个等级：初级Ⅰ、初级Ⅱ；中级Ⅰ、中级Ⅱ；高级

Ⅰ、高级Ⅱ。各等级在话题内容、语言范围和言语技能的编排顺序上，是螺旋式循序渐进的。

在横向系列上，各等级均配有相互协调的听、说、读、写等教材。在中、高级阶段，还配有中国社会生活、中国文化等教材。

因此，这套教材既可用作学历制教育本科生的主干教材，也适用于不同汉语学习层次的长期语言生。

二、功能性

教材以"情景–功能–结构–文化"作为编写原则，课文的编排体例以功能带结构，并注重词汇、语法、功能项目由浅入深的有序渐进。

此外，在着重培养学生汉语听、说、读、写的基本技能，以及基本言语交际技能的前提下，突出与旅游相关的情景表现（如景区游览、组织旅游、旅游活动、饭店实务等），并注重其相关功能意念的表达（如主客观的表述、旅游社交活动的表达、交际策略的运用等），努力做到语言训练与旅游实务的有机统一。

三、现代性

在课文内容的编写方面，注重在交际情景话题的基础上，融入现代旅游文化的内容。同时，较为具体地介绍中国社会的各个侧面、中国文化的主要表现与重要特征，以使教材更具创新性、趣味性、实用性和现代感。

四、有控性

教材力求做到词汇量、语法点、功能项目分布上的均衡协调、相互衔接，并制定出了各等级的词汇、语法和功能项目的范围与数量：

● 词汇范围

初级Ⅰ、Ⅱ以汉语词汇等级大纲的甲级词（1033个）、部分乙级词和HSK（旅游）初级词语表（1083个）为主，词汇总量控制在1500–2000个之间。

中级Ⅰ、Ⅱ以汉语词汇等级大纲的乙级词（2018个）、部分丙级词和HSK（旅游）中级词语表（1209个）为主，词汇总量（涵盖初级Ⅰ、Ⅱ）控制在3500–4000个之间。

高级Ⅰ、Ⅱ以汉语词汇等级大纲的丙级词（2202个）、部分丁级词和HSK（旅游）高级词语表（860个）为主，词汇总量（涵盖初级Ⅰ、Ⅱ和中级Ⅰ、Ⅱ）控制在5500–6000个之间。

● 语法范围

初级Ⅰ、Ⅱ以汉语语法等级大纲的甲级语法大纲（129项）为主。

中级Ⅰ、Ⅱ以汉语语法等级大纲的乙级语法大纲（123项）为主。

高级Ⅰ、Ⅱ以汉语语法等级大纲的丙级语法大纲（400点）为主。

● 功能范围

初级Ⅰ、Ⅱ以HSK（旅游）初级功能大纲（110项）为主。

中级Ⅰ、Ⅱ以HSK（旅游）中级功能大纲（127项）为主。

高级Ⅰ、Ⅱ以HSK（旅游）高级功能大纲（72项）为主。

此外，在语言技能的训练方面，各门课程虽各有侧重、各司其职，但在词汇、语法、功能的分布上却是相互匹配的。即听力课、口语课中的词汇、语法与功能项目范围，基本上都是围绕读写课（或阅读课）展开的。这样做，可有效地避免其他课程的教材中又出现不少新词语或新语法的问题，从而能在很大程度上减轻学生学习和记忆的负担。同时，这也保证了词汇、语法重现率的实现，并有利于学生精学多练。因此，这是一套既便于教师教学，也易于学生学习的系列性教材。

本教材在编写过程中，得到北京大学出版社的大力支持：沈浦娜老师为教材的策划、构架提出过许多中肯的意见，多位编辑老师在出版此教材的过程中，更是做了大量具体而细致的工作，在此谨致诚挚的谢意。这套教材在编写过程中，曾经面向学院师生征集过书名，说来也巧，当初以提出"风光汉语"中选并以此获奖的旷书文同学，被沈浦娜招致麾下，并成为她的得力干将，在这套教材出版联络过程中起到极大的作用。

最后要说明的是，本教材得到上海市重点学科建设项目资助，项目编号：T0405。

齐沪扬　张新明

说　　明

《风光汉语·初级听力Ⅱ》是与《风光汉语·初级读写Ⅱ》配套的一本的初级汉语听力教材，全书共30课。

本教材中的词汇、语法等，基本上都是在《风光汉语·初级读写Ⅱ》中出现过的。采用这种相互匹配的做法，可有效地避免在听力教材中又出现不少新词语或新语法的问题，从而能在很大程度上减轻学生学习和记忆的负担。同时，这也保证了词汇、语法重现率的实现，并有利于学生精学多练。

同时课文内容的编排顺序，也是紧随在《风光汉语·初级读写Ⅱ》之后的。基本做法是：前五课与《风光汉语·初级读写Ⅱ》的对应关系是一课对一课，之后则改为一课对两课，或是两课对三课。这样做的原因主要有三个：

一是学生刚开始学习时，可能会在词汇或语法上遇到较多的障碍，采用一课对一课的形式较利于学生学习。

二是上读写课的时间一般早于听力课，所以学生在上听力课前应已学过读写课中的内容。这样，在学完前五课后，可不再限于一课对一课的对应关系。

三是由于读写课的周课时多于听力课，《风光汉语·初级读写Ⅱ》共有46课，而本教材因受课时的限制只有30课，无法始终保持一课对一课的关系。

本教材每课的编排体例，基本上由三大部分组成：

一、听句子，选择正确答案

二、听对话，选择正确答案

三、听课文，并做练习

　　课文一：（一）听两遍，选择正确答案　　（二）再听一遍，回答问题
　　课文二：（一）听两遍，辨别对错　　（二）再听一遍，回答问题

在教学进度上，以每周4课时，两课时完成一课计算，基本上一个学期可学完这本教材。

本教材在编写过程中，得到了北京大学出版社的大力支持：沈浦娜老师为教材的策划、构架提出过许多中肯的意见；宋立文、邓晓霞老师在编辑出版的过程中做了大量具体而细致的工作。此外，上海师范大学对外汉语学院的研究生周隽、任庆、张婉、贾萍、张凤龙在教材的编写与修改等方面也花费了许多时间和精力，在此一并致以诚挚的谢意。

编　者

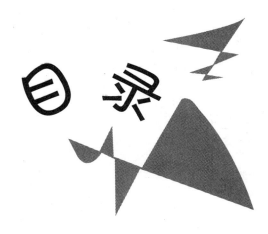

目　录

第 一 课 **1**
第 二 课 **5**
第 三 课 **9**
第 四 课 **13**
第 五 课 **18**
第 六 课 **23**
第 七 课 **27**
第 八 课 **31**
第 九 课 **35**
第 十 课 **39**
第 十 一 课 **43**
第 十 二 课 **48**
第 十 三 课 **52**
第 十 四 课 **56**
第 十 五 课 **60**
第 十 六 课 **64**
第 十 七 课 **68**

第十八课	72
第十九课	76
第二十课	80
第二十一课	84
第二十二课	88
第二十三课	93
第二十四课	97
第二十五课	102
第二十六课	106
第二十七课	110
第二十八课	114
第二十九课	118
第三十课	122
生词总表	126

第一课

词语 Vocabulary

1. 紧张	（形）	jǐnzhāng	nervous	긴장하다	緊張する余裕が無い
2. 乘坐	（动）	chéngzuò	to travel by (plane, train)	(차) 타다 승차하다	（飛行機・電車などに）乗る
3. 起飞	（动）	qǐfēi	to take off (of aircraft)	이륙하다	離陸する
4. 经过	（动）	jīngguò	to pass	지나다	通過する
5. 旅途	（名）	lǚtú	journey	여행	旅の途中
6. 适应	（动）	shìyìng	to adapt to	적응하다	適応する
7. 闻	（动）	wén	to smell	(냄새를) 맡다, 풍기다	（においを）かぐ
8. 海边	（名）	hǎibiān	seaside	해변가	海辺
9. 晒	（动）	shài	(of the sun) shine upon	쬐다	日に当たる
10. 热带	（名）	rèdài	the tropics	열대	熱帯
11. 暑假	（名）	shǔjià	summer holiday	여름방학	夏休み

12. 联系	（动）	liánxì	to contact	연락하다	連絡(する)
13. 一下子	（数量）	yíxiàzi	in a short while	갑자기	ちょっとの間に
14. 享受	（动）	xiǎngshòu	to enjoy	즐기다	享受する
15. 温暖	（形）	wēnnuǎn	warm	따뜻하다	温かい
16. 阳光	（名）	yángguāng	sunshine	햇볕	日光·太陽光
17. 激动	（形）	jīdòng	excited	흥분하다, 북받치다	興奮する

一、听下列句子，选择正确答案　Listen to the sentences and choose the correct answers

1. A. 坐飞机　　　　　B. 坐火车　　　　　C. 坐火车和飞机
2. A. 看大海　　　　　B. 吃水果　　　　　C. 去游泳
3. A. 让人感到紧张　　　B. 机票容易买　　　C. 很难买到飞机票
4. A. 早点儿订宿舍　　　B. 提前去大学学习　C. 找好的学校
5. A. 十一点　　　　　B. 十一点半　　　　C. 十二点
6. A. 觉得天气很冷　　　B. 能适应北方的气候　C. 能习惯那儿的生活
7. A. 小李不喜欢她　　　B. 小李对她不热情　C. 小李不该爱上她
8. A. 吃不到热带水果　　B. 热带水果不多　　C. 见不到热带水果
9. A. 看到别人喝酒时　　B. 闻到酒的味道时　C. 自己喝酒时
10. A. 晒了太阳　　　　B. 下海游泳了　　　C. 在阳光下时间太长

二、听下列对话，选择正确答案　Listen to the conversations and choose the correct answers

1. A. 不在大海的旁边　　B. 能看到热带风景　C. 房间里有热带树木

2. A. 现在去旅游　　　　B. 提前订宾馆　　　　C. 暑假去北京

3. A. 上海　　　　　　　B. 南京　　　　　　　C. 北京

4. A. 去青岛学习　　　　B. 与青岛的大学联系　　C. 去青岛旅游

5. A. 觉得天气冷　　　　B. 感到很着急　　　　C. 身体不舒服

6. A. 这儿不寒冷　　　　B. 有阳光不好　　　　C. 想去暖和的地方

7. A. 很高兴　　　　　　B. 很满意　　　　　　C. 很奇怪

8. A. 经过学校　　　　　B. 去买地图　　　　　C. 带女的来

9. A. 去游览的时间　　　B. 要去游览的景点　　　C. 旅途中的事

10. A. 去学校的宾馆　　　B. 跟小李联系　　　　C. 看看学校的环境

三、听下列课文，并做练习　Listen to the texts and do exercises

课文一　Text 1

练习　Exercise

(一) 听两遍，选择正确答案　Listen twice and choose the correct answers

1. A. 寒假前　　　　　　B. 放寒假时　　　　　C. 寒假后

2. A. 刚才　　　　　　　B. 前几个月　　　　　C. 今年寒假

3. A. 雪景很漂亮　　　　B. 天气非常冷　　　　C. 人十分累

4. A. 她拍了风景照　　　B. 她想欣赏雪景　　　C. 她登山时腿很酸

5. A. 衣服别穿得太少　　B. 要带上照相机　　　C. 一定要去爬山

(二) 再听一遍，回答问题　Listen again and answer the questions

1. 李阳去黄山时做了什么？

2. 李阳爬到山顶时觉得怎么样？

3. 芳子打算什么时候去黄山？

4. 芳子希望去黄山时看到什么？

5. 芳子去黄山时应该怎么样？

课文二　Text 2

练习　Exercise

（一）听两遍，辨别对错　Listen twice, then identify the right and the wrong statements

1. 哈利放暑假前去订机票。　　　　　（　　）
2. 从这儿飞到黄山要三十个小时。　　（　　）
3. 哈利从来没坐过飞机。　　　　　　（　　）
4. 王欣是坐火车去西藏的。　　　　　（　　）
5. 王欣到了西藏后就病了。　　　　　（　　）

（二）再听一遍，回答问题　Listen again and answer the questions

1. 暑假时去黄山的人为什么很多？
2. 哈利去黄山前应该做什么？
3. 从这儿飞到黄山要多长时间？
4. 王欣去西藏时坐了多长时间的火车？
5. 王欣到了西藏时差点儿怎么了？

第二课

词语　Vocabulary

1.	沙滩	（名）	shātān	beach	해변가	砂浜
2.	变	（动）	biàn	to change	변하다	変化する
3.	眼前	（名）	yǎnqián	before one's eyes	눈앞	目の前
4.	终于	（副）	zhōngyú	finally, at last	끝내	ついに
5.	派	（动）	pài	to assign	파견하다, 보내다	任命する
6.	逃	（动）	táo	to escape	도망치다, 달아나다	逃げる
7.	坚持	（动）	jiānchí	to persist in	견지하다	堅持する
8.	放弃	（动）	fàngqì	to abandon, to give up	포기하다	放棄する 捨てる
9.	动人	（形）	dòngrén	moving	감동적이다	感動させる 感動する
10.	胜利	（动）	shènglì	victory	승리하다, 이기다	勝つ
11.	终点	（名）	zhōngdiǎn	destination	종점	終点
12.	冲	（动）	chōng	to rush	돌진하다	突き進む

13. 力气	（名）	lìqi	strength	힘	力
14. 小偷	（名）	xiǎotōu	thief	도적	どろ棒
15. 追	（动）	zhuī	to chase, to run after	쫓다, 추적하다	追う
16. 警察	（名）	jǐngchá	police	경찰	警察

一、听下列句子，选择正确答案 Listen to the sentences and choose the correct answers

1. A. 芳子　　　　　　　B. 丽莎　　　　　　　C. 别人
2. A. 我没有自行车
   B. 哈利借了我的自行车
   C. 我不坐汽车去学校
3. A. 沙滩和树木都没有了　B. 跟以前不一样了　　C. 看不到大海了
4. A. 我能跟王芳结婚
   B. 父母不同意我结婚
   C. 王芳对我父母很满意
5. A. 去海边　　　　　　B. 在沙滩上睡觉　　　C. 看眼前的景色
6. A. 出发时车坏了
   B. 修好车后才出发的
   C. 车在半路上不能开
7. A. 去逛商店　　　　　B. 去买菜　　　　　　C. 请朋友吃饭
8. A. 没有买单　　　　　B. 忘记买单了　　　　C. 买单后就走了
9. A. 雨停了后又上山了　B. 马上就下山了　　　C. 还是继续往上爬
10. A. 每天都运动　　　　B. 不会放弃运动　　　C. 不再坚持运动

二、听下列对话，选择正确答案 Listen to the conversations and choose the correct answers

1. A. 到山顶没有路了　　B. 离山顶不远了　　C. 女的休息了一会儿
2. A. 确实很动人　　　　B. 不是很动人　　　C. 不知道是不是动人
3. A. 女的登上了山顶　　B. 女的没有去爬山　C. 女的只爬到了半山
4. A. 跑到了终点　　　　B. 没有坚持到底　　C. 得到了第一名
5. A. 不去南京工作　　　B. 只好去南京工作　C. 可以不听老板的话
6. A. 出门前有了别的事　B. 八点才准备出发　C. 走路走得太慢
7. A. 男朋友不爱她了
   B. 她爱上了小李
   C. 她跟以前的男朋友见面了
8. A. 买咖啡　　　　　　B. 托运行李　　　　C. 拿着包
9. A. 前边是红灯　　　　B. 电影院到了　　　C. 前边不能停车
10. A. 可以不休息　　　　B. 没有力气走了　　C. 还可以继续走

三、听下列课文，并做练习 Listen to the texts and do exercises

课文一　Text 1

练习　Exercise

(一) 听两遍，选择正确答案 Listen twice and choose the correct answers

1. A. 第一名　　　　　　B. 第二名　　　　　　C. 第三名
2. A. 她一直跑在最前边
   B. 她跑到一半时想放弃
   C. 她比李芳跑得慢
3. A. 自己能得到第一名　B. 不放弃就是胜利　　C. 太累就不跑了

4. A. 大家都跑到了终点　　B. 没有人跑到终点　　C. 有一个人没跑到终点

5. A. 没有摔倒　　　　　　B. 摔倒了　　　　　　　C. 不会摔倒

(二) 再听一遍，回答问题　Listen again and answer the questions

1. 昨天的 3000 米比赛，王欣一开始跑得怎样？
2. 王欣跑到一半的时候怎么样了？
3. 王欣为什么没有放弃比赛？
4. 谁比王欣跑得快？
5. 王欣跑到终点时差点儿怎么了？

课文二　Text 2

练习　Exercise

(一) 听两遍，辨别对错　Listen twice, then identify the right and the wrong statements

1. 一个小偷把李阳的钱包偷了。　　（　　）
2. 小偷跑得比李阳更快。　　　　　（　　）
3. 最后李阳追到了小偷。　　　　　（　　）
4. 李阳把小偷的手抓破了。　　　　（　　）
5. 王欣认为遇到小偷时应该叫警察。（　　）

(二) 再听一遍，回答问题　Listen again and answer the questions

1. 李阳买菜时遇到了什么事？
2. 小偷偷了东西后就逃了吗？
3. 李阳去追小偷了吗？
4. 李阳抓到小偷了吗？
5. 李阳的手是怎么破的？

第三课

词语　Vocabulary

1. 实现	（动）	shíxiàn	to realize	실현하다	実現する
2. 愿望	（名）	yuànwàng	wish	소원, 희망	願い
3. 保护	（动）	bǎohù	to protect	보호하다	保護する
4. 无边无际		wúbiān wújì	boundless, vast	가없다	際限がない
5. 边境	（名）	biānjìng	border	변경	国境地帯
6. 之间	（名）	zhījiān	between	중간	…の間
7. 赶(趕)	（动）	gǎn	to meet	맞다	出くわす
8. 雄伟	（形）	xióngwěi	grand	웅대하다, 웅위하다	雄大である
9. 过程	（名）	guòchéng	process	과정	過程
10. 拆	（动）	chāi	pull down	뜯다, 허물다	取り壊す
11. 保存	（动）	bǎocún	to preserve	보존하다	保存する
12. 至今	（动）	zhìjīn	up to now	지금까지	いまなお
13. 仍然	（副）	réngrán	still, as before	역시	依然として
14. 完好	（形）	wánhǎo	in good condition	완전하다	完全である

15. 地区	（名）	dìqū	district, area	지역	地区
16. 工程	（名）	gōngchéng	project	공사	大規模な工事
17. 感受	（动）	gǎnshòu	to experience	느끼다, 감수하다	受ける

一、听下列句子，选择正确答案 Listen to the sentences and choose the correct answers

1. A. 哈利以前来过中国　B. 哈利一直在中国　C. 现在哈利在中国
2. A. 它们有很久的历史　B. 它们正在修建中　C. 它们是新的建筑
3. A. 只是因为病了
   B. 因为没有一点儿准备
   C. 身体和准备都有问题
4. A. 无边无际的沙滩　B. 看不到边的大海　C. 蓝色的天空
5. A. 他没有去过黄山　B. 他有去黄山的机会　C. 他以前去过黄山
6. A. 去咖啡馆的半路上　B. 咖啡馆和商店之间　C. 商店的后边
7. A. 天山很雄伟　B. 山顶很高　C. 雪景还可以
8. A. 认识了不少朋友　B. 在交朋友的过程中　C. 想适应这里的工作
9. A. 老房子都没有了　B. 地铁站要保存下来　C. 有两座老房子没拆
10. A. 小李打开电视时　B. 小李看足球比赛时　C. 小李吃饭时

二、听下列对话，选择正确答案 Listen to the conversations and choose the correct answers

1. A. 多说就行了　B. 说和读都重要　C. 只要多读
2. A. 再去看病和休息　B. 还要去医院休息　C. 只要吃药就行了
3. A. 已经不太完好了　B. 它是不久前修建的　C. 一直保存得很好
4. A. 那个电影没意思　B. 不愿意一个人去看　C. 男朋友没空陪她去
5. A. 担心学生的安全　B. 学生希望有人保护　C. 那几个人也想去旅游

6. A. 年龄有大有小的学生
   B. 各种大或小的旅游团
   C. 游览的人都走得很累

7. A. 要教儿子踢足球　　B. 要让儿子学踢足球　　C. 要让儿子能再踢足球
8. A. 这个城市的环境　　B. 城里人舒服的生活　　C. 正在修建的马路
9. A. 参加一项建筑工程　B. 修建一些古代建筑　　C. 参观游览一个月
10. A. 还在托运的过程中　B. 在托运时摔坏了　　　C. 仍然是完好的

三、听下列课文，并做练习　Listen to the texts and do exercises

课文一　Text 1

练习　Exercise

（一）听两遍，选择正确答案　Listen twice and choose the correct answers

1. A. 李阳　　　　　　　B. 芳子　　　　　　　　C. 导游
2. A. 参观博物馆时　　　B. 听导游介绍时　　　　C. 看介绍文物的书时
3. A. 买古代文物　　　　B. 保存好古代文物　　　C. 去博物馆参观
4. A. 保护文物的安全　　B. 哪些文物是完好的　　C. 哪些瓷器是文物
5. A. 有些瓷器摔碎了　　B. 有些瓷器仍然完好　　C. 瓷器坏了很难修好

（二）再听一遍，回答问题　Listen again and answer the questions

1. 李阳为什么要带丽莎去博物馆？
2. 博物馆里的不少文物现在是怎样的？
3. 丽莎说做好什么事是不容易的？
4. 人们在参观博物馆时应该注意什么？
5. 一些瓷器被摔碎后可能会怎么样？

课文二　Text 2

练习　Exercise

(一) 听两遍，辨别对错　Listen twice, then identify the right and the wrong statements

1. "我"的愿望是欣赏西湖美景。　　　（　）
2. "我"觉得从上海到杭州很远。　　　（　）
3. "我们"到西湖时正赶上雨后天晴。　（　）
4. 朋友的建议是去湖边茶馆喝茶。　　（　）
5. "我"以前闻到过龙井茶的香味。　　（　）

(二) 再听一遍，回答问题　Listen again and answer the questions

1. "我"终于实现了什么愿望？
2. "我们"经过多长时间的旅途就到了杭州？
3. "我们"到杭州的时候正赶上什么天气？
4. 朋友为什么建议去小茶馆？
5. "我"觉得龙井茶怎么样？

第四课

词语 Vocabulary

1. 算	（动）	suàn	to regard as	…할수 없다, 계산하다	数える
2. 薄	（形）	báo	thin	얇다	薄い
3. 以为	（动）	yǐwéi	to think (something that usually turns out to be incorrect)	여기다, 생각하다	…と考える
4. 原来	（副）	yuánlái	originally	원래	もとは
5. 讲究	（动）	jiǎngjiu	to be particular about	따져볼 만한 의미, 주의할 만한 내용	気をつける
6. 按照	（介）	ànzhào	according to	…에 따라서…	…に照らして
7. 似乎	（副）	sìhū	it seems	마치	…らしい
8. 园林	（名）	yuánlín	garden	원림, 조경 풍치림	庭園
9. 保留	（动）	bǎoliú	to retain	보류하다	保留する

13

10. 起来	（动）	qǐlái	"A verb+起来"indicates something begins and keeps on	시작하다	立ち上がる起き上がる
11. 排队	（动）	pái duì	to line up	줄을 서다	列を作る
12. 吐	（动）	tù	to spit	뱉다	吐く
13. 一般	（形）	yìbān	ordinary	보통	一般である
14. 出洋相		chū yángxiàng	to make an exhibition of oneself	추태를 보이다	恥をさらす
15. 代表	（动）	dàibiǎo	to represent	대표하다	代表する
16. 商业	（名）	shāngyè	commerce	상업	商業
17. 知识	（名）	zhīshi	knowledge	지식	知識

一、听下列句子，选择正确答案 Listen to the sentences and choose the correct answers

1. A. 比别的书都好   B. 比别的书都贵   C. 比别的书都薄
2. A. 生病了   B. 不在学校   C. 要回国了
3. A. 他很爱整洁
   B. 女朋友帮他收拾的
   C. 他希望女朋友觉得舒服
4. A. 他去过长城了   B. 他一定会去长城   C. 他不能去长城
5. A. 比以前瘦了   B. 想开始运动了   C. 打算减肥了
6. A. 他要去唐华家   B. 好像要去办一件事   C. 似乎正要离开唐华家
7. A. 它们正在修建中   B. 仍然跟以前一样   C. 没有保留下来
8. A. 一下子喝完了一杯   B. 只喝了一口   C. 喝了一口再喝第二口
9. A. 买东西不用排队   B. 小李在排队买东西   C. 小李的做法不对
10. A. 差点儿吐出来   B. 觉得跟喝啤酒一样   C. 出了洋相

二、听下列对话，选择正确答案　Listen to the conversations and choose the correct answers

1. A. 很一般　　　　　B. 有特色　　　　　　C. 很漂亮
2. A. 瓷器的特点　　　B. 一个很薄的盘子　　C. 一个盘子打破了
3. A. 芳子　　　　　　B. 王欣　　　　　　　C. 丽莎
4. A. 牛奶　　　　　　B. 啤酒　　　　　　　C. 冰咖啡
5. A. 她不认识叫自己的人
   B. 她一听就知道是李阳
   C. 她刚知道叫她的是金大永
6. A. 去逛街　　　　　B. 跟朋友出去玩儿　　C. 去书店
7. A. 等饿了再吃　　　B. 等小李来了再吃　　C. 再等下去会饿
8. A. 成绩不太好　　　B. 成绩非常好　　　　C. 成绩似乎不错
9. A. 送水果是有讲究的
   B. 不能说"离开"这个词
   C. 别送什么水果
10. A. 跳舞跳得算是好的　B. 可以教别人跳舞　C. 跳舞时会出洋相

三、听下列课文，并做练习　Listen to the texts and do exercises

课文一　　Text 1

练习　Exercise

（一）听两遍，选择正确答案　Listen twice and choose the correct answers

1. A. 为了买礼物　　　B. 为了公司的事　　　C. 为了来游览

2. A. 他早就知道豫园很有名
   B. 他只是经过那儿时顺便去的
   C. 他要跟那儿的一家公司联系
3. A. 有各种样子   B. 样子都差不多   C. 做得不太讲究
4. A. 很有特色的   B. 价格便宜的   C. 样子一样的
5. A. 他从没见过中国的筷子
   B. 这些筷子别人买不到
   C. 可以了解中国筷子的知识

(二) 再听一遍，回答问题   Listen again and answer the questions

1. 哈利的公司为什么派哈利来上海？
2. 哈利早就听说豫园是一个怎样的地方？
3. 以前，哈利以为中国的筷子是怎样的？
4. 到了筷子店，哈利才发现了什么？
5. 哈利为什么买了好几双筷子？

课文二   Text 2

练习   Exercise

(一) 听两遍，辨别对错   Listen twice, then identify the right and the wrong statements

1. 芳子吃的四川菜还是传统的做法。   (   )
2. 芳子觉得四川菜的味道很难闻。   (   )
3. 芳子咳嗽是因为吃的豆腐辣极了。   (   )
4. 芳子只喝了一口水后就不咳嗽了。   (   )
5. 要是芳子常吃四川菜就会慢慢适应的。   (   )

（二）再听一遍，回答问题　　Listen again and answer the questions

1. 朋友为什么请芳子去那家饭店吃四川菜？
2. 芳子闻到那盘豆腐的味道时觉得怎么样？
3. 芳子刚吃了一口豆腐后就怎么了？
4. 什么时候芳子才不咳嗽了？
5. 芳子觉得四川菜怎么样？

第五课

词语 Vocabulary

1. 期间	（名）	qījiān	period	기간	期間
2. 聚	（动）	jù	to get together	모이다	集まる
3. 耐心	（形）	nàixīn	patient	인내심 있다	根気強い
4. 轮到		lúndào	to take turns	차례가 돌아오다	…の番になる
5. 春节	（名）	chūnjié	the Spring Festival	구정, 춘절	旧正月
6. 鞭炮	（名）	biānpào	firecracker	폭죽	爆竹
7. 安静	（形）	ānjìng	silent, quiet	조용하다	静かにする
8. 外地	（名）	wàidì	other parts of the country	외지, 타지방	ほかの土地
9. 团聚	（动）	tuánjù	to reunite	모이다	団欒する
10. 迎接	（动）	yíngjiē	to meet, to welcome	맞이하다	迎える
11. 除夕	（名）	chúxī	New Year's Eve	그믐	大晦日
12. 选择	（动）	xuǎnzé	to choose	선택하다	選ぶ
13. 项目	（名）	xiàngmù	item	항목, 사항	項目
14. 生意	（名）	shēngyi	deal, business	장사	商売
15. 年夜饭	（名）	niányèfàn	the dinner on New Year's Eve	그믐날 밤에 먹는 음식	大晦日のご飯

16. 单位	（名）	dānwèi	unit (as a department, division, section, etc)	단위		勤め先
17. 节日	（名）	jiérì	holiday	명절		祝日

一、听下列句子，选择正确答案 Listen to the sentences and choose the correct answers

1. A. 下个星期　　　　B. 在假期里　　　　C. 在考试期间
2. A. 十五分钟　　　　B. 三十分钟　　　　C. 四十五分钟
3. A. 二月十四号　　　B. 二月十五号　　　C. 二月十六号
4. A. 去饭店订座位　　B. 去商店买鞭炮　　C. 请乐队来表演
5. A. 很奇怪　　　　　B. 很寂寞　　　　　C. 很满意
6. A. 李阳会去外地工作　B. 我也许能见到李阳　C. 我跟李阳见面了
7. A. 她喜欢的运动项目　B. 年轻人谈论的音乐　C. 她了解的中国文化
8. A. 庆祝朋友的生日　B. 去机场接朋友　　C. 请假去外地
9. A. 人们都不睡觉　　B. 外边很不安静　　C. 可能会放鞭炮
10. A. 安排学生的旅游活动
    B. 选择去旅游的学生
    C. 负责决定学校的安排

二、听下列对话，选择正确答案 Listen to the conversations and choose the correct answers

1. A. 丽莎已经定好了　　B. 晚定不如早定　　C. 丽莎订得太晚了
2. A. 去超市买菜　　　　B. 帮别人买东西　　C. 带男的去买牛奶
3. A. 在那儿照一张相　　B. 得到一个工作　　C. 帮女的找到工作

4. A. 参加乐队表演　　　B. 跟男的去吃饭　　C. 继续工作

5. A. 没有生意
   B. 生意特别好
   C. 不知道生意会不会好

6. A. 她不愿意去饭店
   B. 她喜欢在家里吃
   C. 现在去订座位太晚了

7. A. 参观和旅游　　　B. 组织晚会　　　C. 去博物馆

8. A. 她在假期里也要上课
   B. 她在假期里没有休息
   C. 她在8月前可以休息

9. A. 开车去苏州
   B. 出发的时间不能太晚
   C. 单位放假时去苏州

10. A. 她表演的节目是五分钟
    B. 她已准备了几个节目
    C. 现在还没轮到她表演

三、听下列课文，并做练习　Listen to the texts and do exercises

课文一　Text 1

练习　Exercise

（一）听两遍，选择正确答案　Listen twice and choose the correct answers

1. A. 丽莎　　　　　B. 金大永　　　　C. 哈利的女朋友

2. A. 那个饭店就在附近
   B. 去那个饭店的人特别多
   C. 那个饭店的菜不错
3. A. 在学校附近的　　B. 安静的房间　　C. 窗户外边有花园的
4. A. 金大永　　　　　B. 丽莎　　　　　C. 哈利的女朋友
5. A. 今天是女朋友的生日
   B. 给女朋友买生日蛋糕
   C. 请女朋友来吃饭

（二）再听一遍，回答问题　Listen again and answer the questions

1. 丽莎为什么要请哈利吃饭？
2. 花园饭店是个怎样的饭店？
3. 为什么现在就得去订座位？
4. 哈利为什么要订一个小房间？
5. 为什么要请哈利的女朋友一起来？

练习　Exercise

（一）听两遍，辨别对错　Listen twice, then identify the right and the wrong statements

1. 我在中国家庭吃过几次年夜饭。　　（　　）
2. 李阳家一直是在家里吃年夜饭的。　（　　）
3. 李阳的妈妈在除夕夜才准备年夜饭。（　　）
4. 李阳妈妈做的菜又好吃又好看。　　（　　）
5. 吃饭时我跟李阳去外边放了鞭炮。　（　　）

(二) 再听一遍，回答问题　Listen again and answer the questions

1. 李阳家仍然保留着怎样的习惯？
2. 李阳妈妈做的菜怎么样？
3. 吃年夜饭时，他们一边享受着什么，一边谈论着什么？
4. 在吃饭的过程中，我感受到了什么？
5. 到了十二点的时候，我跟李阳做了什么？

第六课

词语 Vocabulary

1.	报名	(动)	bào míng	to enlist in	신청하다	申し込む
2.	接待	(动)	jiēdài	to give a reception	접대하다	接待する
3.	提供	(动)	tígōng	to provide	제공하다, 주다	提供(する)
4.	主动	(形)	zhǔdòng	active	주동적이다, 자발적이다	自発的である
5.	格外	(副)	géwài	especially	특별히	特に
6.	亲切	(形)	qīnqiè	kind	친절하다	親しい
7.	毕业	(动)	bì yè	to graduate	졸업하다	卒業
8.	按	(动)	àn	to press, to push down	누르다	押す
9.	铃	(名)	líng	bell	벨	ベル
10.	电梯	(名)	diàntī	elevator	엘리베이터	エレベーター
11.	气氛	(名)	qìfēn	atmosphere	분위기	雰囲気
12.	花瓶	(名)	huāpíng	vase	꽃병	花瓶

13. 插	（动）	chā	to insert	꽂다	挿し込む
14. 餐桌	（名）	cānzhuō	dinner table	식탁	ディナーテーブル
15. 联欢	（动）	liánhuān	to hold a party	함께 모여 즐기다, 친목회	交歓する
16. 称赞	（动）	chēngzàn	to praise	칭찬하다	称賛
17. 得意	（形）	déyì	complacent	득의양양하다	得意になる

一、听下列句子，选择正确答案 Listen to the sentences and choose the correct answers

1. A. 参加表演　　　　B. 看春节晚会　　　　C. 负责报名的事
2. A. 去学校接留学生　B. 了解怎样接待留学生　C. 请留学生来自己家
3. A. 自己去找工作　　B. 提供工作的机会　　C. 主动跟自己联系
4. A. 不同意公司的安排　B. 愿意负责这个项目　C. 不表示自己的想法
5. A. 学生对自己很亲切　B. 老师对学生非常好　C. 学生都格外努力
6. A. 刚毕业的时候　　B. 大学毕业以后　　C. 上大学的时候
7. A. 向唐老师问好　　B. 跟唐老师见面　　C. 去看唐老师
8. A. 赶快上飞机　　　B. 马上去机场　　　C. 接待妈妈
9. A. 芳子没有开门　　B. 芳子开门开得很快　C. 芳子为什么来
10. A. 乘电梯　　　　　B. 开车去　　　　　C. 走上去

二、听下列对话，选择正确答案 Listen to the conversations and choose the correct answers

1. A. 来自己家过春节　B. 对春节感兴趣　　C. 让春节的气氛更好
2. A. 她没见到哈利　　B. 她正在想事情　　C. 她没跟哈利打招呼
3. A. 去接电视台的人　B. 接待电视台的人　C. 跟电视台联系

4. A. 工作好不好　　　　B. 单位离家远不远　　C. 找什么工作比较好
5. A. 教室里没人说话　　B. 学生说的机会不多　C. 教室里气氛很好
6. A. 不知道在哪儿　　　B. 在花瓶里插着　　　C. 在桌子上摆着
7. A. 赶忙去了学校　　　B. 马上赶到了黄英家　C. 让黄英听电话
8. A. 看看餐桌上放着什么 B. 把词典放在餐桌上　C. 借一本汉语词典
9. A. 准备晚会的节目　　B. 报名参加晚会　　　C. 跟女的一起排练节目
10. A. 应该收拾房间　　　B. 房间收拾得很整齐　C. 不用收拾房间

三、听下列课文，并做练习　Listen to the texts and do exercises

课文一　Text 1

练习　Exercise

（一）听两遍，选择正确答案　Listen twice and choose the correct answers

1. A. 帮学生联系工作单位　　B. 接待毕业的学生　　C. 让学生自己找工作
2. A. 学生不愿意去找工作
   B. 给学生提供找工作的机会
   C. 他愿意做接待的工作
3. A. 刚毕业的　　　　　B. 工作过的　　　　　C. 主动找工作的
4. A. 继续努力学习　　　B. 找容易的工作　　　C. 自己去工作一下
5. A. 去旅行社工作　　　B. 联系工作单位　　　C. 请别人当导游

（二）再听一遍，回答问题　Listen again and answer the questions

1. 学校让唐老师负责做什么事？
2. 唐老师认为做这件事有什么好处？

3. 许多单位都需要刚毕业的大学生吗?

4. 王欣认为大学生在学习期间还应该做什么?

5. 为什么王欣一毕业就能找到工作?

课文二　Text 2

练习　Exercise

(一) 听两遍，辨别对错　Listen twice, then identify the right and the wrong statements

1. 黄英家刚搬进新房子。　　　　(　　)
2. 电视机是春节时买的。　　　　(　　)
3. 墙上挂着的画也是买的。　　　(　　)
4. 黄英称赞自己画得不错。　　　(　　)
5. 李阳认为自己画得比黄英好。　(　　)

(二) 再听一遍，回答问题　Listen again and answer the questions

1. 黄英家是什么时候搬进新房子的?

2. 黄英家的电视柜上放着什么? 墙上挂着什么?

3. 黄英觉得自己画的画儿怎么样?

4. 李阳称赞了黄英画的画儿了吗?

5. 李阳为什么让黄英别得意?

第七课

词语 Vocabulary

1.	招呼	（动）	zhāohu	to greet	접대하다	あいさつする
2.	直	（形）	zhí	straight	바르게 펴다	真っ直ぐである
3.	腰	（名）	yāo	waist	허리	腰
4.	荤	（名）	hūn	dish made of meat, fish, etc.	야채요리	魚や肉などの動物性食物
5.	素	（名）	sù	vegetable dish	야채요리	野菜料理
6.	丰富	（形）	fēngfù	various	풍부하다	豊富だ
7.	做客	（动）	zuò kè	to be a guest	손님으로 방문하다	訪問する客になる
8.	招待	（动）	zhāodài	to receive (guests)	초대하다	もてなす
9.	道	（量）	dào	a classifier for dishes	개, 번째	細長いものなどを数える単位
10.	排练	（动）	páiliàn	to rehearse	연습하다	練習する
11.	人物	（名）	rénwù	personage	명사, 요인	人物
12.	富	（形）	fù	rich	부유하다	豊かな

13. 炒	（动）	chǎo	to fry	볶다	炒める
14. 炸	（动）	zhá	to deep-fry	튀기다	揚げる
15. 题目	（名）	tímù	exercise	제목	題目、問題

一、听下列句子，选择正确答案 Listen to the sentences and choose the correct answers

1. A. 接待客人　　　　B. 向客人打招呼　　　C. 请客人吃菜
2. A. 没有人组织活动　　B. 旅游就结束了　　　C. 不能去旅游
3. A. 不好吃　　　　　　B. 太饱了　　　　　　C. 腰很疼
4. A. 用电脑　　　　　　B. 开门进房间　　　　C. 借钥匙
5. A. 素的菜比荤菜甜　　B. 王欣喜欢吃荤菜　　C. 素的菜不甜
6. A. 把汤给说话人　　　B. 喝一碗热汤　　　　C. 让别人麻烦的事
7. A. 电视台直播了晚会
   B. 晚会的节目多不多
   C. 电视台会直播春节晚会
8. A. 两个　　　　　　　B. 三个　　　　　　　C. 四个
9. A. 做了很多道菜　　　B. 只做了几道菜　　　C. 让我们尝尝一道菜
10. A. 只抽烟不喝酒　　　B. 只喝酒不抽烟　　　C. 抽烟和喝酒

二、听下列对话，选择正确答案 Listen to the conversations and choose the correct answers

1. A. 两个小时　　　　　B. 三个小时　　　　　C. 四个小时
2. A. 做特别的菜　　　　B. 做一桌子菜　　　　C. 做普通的菜
3. A. 回国过寒假　　　　B. 去图书馆看书　　　C. 留在上海过春节
4. A. 跟这儿不同　　　　B. 冬天不冷　　　　　C. 不在热带
5. A. 重要人物的车　　　B. 很贵的车　　　　　C. 普通的车

6. A. 不太多　　　　　　B. 非常多　　　　　　C. 只有几个
7. A. 小李家不在4楼　　B. 小李家的墙上挂着画　C. 门是关着的
8. A. 炒的肉　　　　　　B. 烤的肉　　　　　　C. 炸的肉
9. A. 他上次考得不错　　B. 他两次都考了第一名　C. 他这次考得很好
10. A. 直不起腰来　　　 B. 小笼包太烫了　　　C. 太有意思了

三、听下列课文，并做练习　Listen to the texts and do exercises

练习　Exercise

（一）听两遍，选择正确答案　Listen twice and choose the correct answers

1. A. 考试已经开始了　　B. 有人坐了下来　　　C. 已经到九点钟了
2. A. 这些题目她都做过　B. 她喜欢考试　　　　C. 有些题目比较简单
3. A. 做完了题目　　　　B. 还没做完题目　　　C. 刚回答完一个问题
4. A. 考试结束了　　　　B. 有些题目不会做　　C. 以为自己做不完题目了
5. A. 11点　　　　　　　B. 11点10分　　　　 C. 11点30分

（二）再听一遍，回答问题　Listen again and answer the questions

1. 丽莎是什么时候到教室的？
2. 丽莎觉得题目难吗？
3. 丽莎为什么差点儿哭了？
4. 老师说考试几点结束？
5. 最后丽莎做完了题目吗？

课文二　Text 2

练习　Exercise

(一) 听两遍，辨别对错　Listen twice, then identify the right and the wrong statements

1. 唐老师邀请丽莎到他家吃了饭。　　（　　）
2. 丽莎以前去中国人家里做过客。　　（　　）
3. 唐老师准备的饭菜并不多。　　　　（　　）
4. 唐老师的爱人不停地让丽莎吃菜。　（　　）
5. 这顿饭丽莎吃得饱极了。　　　　　（　　）

(二) 再听一遍，回答问题　Listen again and answer the questions

1. 丽莎以前去中国人家里做过客吗？
2. 唐老师的一家人称赞了什么？
3. 吃饭时，唐老师的爱人不停地做什么？
4. 让丽莎觉得不理解的是什么？
5. 这顿饭丽莎吃得怎么样？

第八课

词语 Vocabulary

1.	差别	（名）	chābié	difference	차별	へだたり
2.	偏	（形）	piān	slanting	…편	傾く
3.	地理	（名）	dìlǐ	geography	지리	地理
4.	开放	（形）	kāifàng	open	개방하다	開く
5.	本地	（名）	běndì	local, this place	본 지역	当地
6.	深刻	（形）	shēnkè	profound	심각하다, 뜻 깊다	深い
7.	印象	（名）	yìnxiàng	impression	인상	印象
8.	惊险	（形）	jīngxiǎn	thrilling	아슬아슬하다	恐怖感を与える
9.	敢	（动）	gǎn	to dare	감히…하다	敢えて…する
10.	睁	（动）	zhēng	to open (the eyes)	눈을 뜨다	目を見張る
11.	分散	（动）	fēnsàn	to decentralize	분산시키다	分散する
12.	注意力	（名）	zhùyìlì	attention	주의력	注意力
13.	集中	（动）	jízhōng	to concentrate	집중하다	集中する

14.	收	（动）	shōu	to take back	받다	收める
15.	闪光灯	（名）	shǎnguāng dēng	flashlight	플래시램프	フラッシュ
16.	影响	（动）	yǐngxiǎng	to influence	현장	影響する
17.	效果	（名）	xiàoguǒ	effect	영향을 주다	効果
18.	现场	（名）	xiànchǎng	scene	효과	現場

一、听下列句子，选择正确答案 Listen to the sentences and choose the correct answers

1. A. 跟南方人一样　　B. 跟南方人不同　　C. 跟南方人没有差别
2. A. 味道并不咸　　　B. 味道偏咸　　　　C. 味道比较咸
3. A. 几乎跟买的一样　B. 比买的差　　　　C. 跟买的很不一样
4. A. 地理环境一样　　B. 气候不一样　　　C. 气候相同
5. A. 都是本地菜　　　B. 都不是本地菜　　C. 本地菜和外地菜都有
6. A. 都不是夏天穿的　B. 都是夏天穿的　　C. 有的是夏天穿的
7. A. 味道太辣了　　　B. 味道很不错　　　C. 没有辣的不好吃
8. A. 吃了辣的菜　　　B. 吃了酸的菜　　　C. 喝了一杯水
9. A. 里面放了辣椒　　B. 里面有葱和蒜　　C. 里面有辣椒和葱蒜
10. A. 这个人喜欢吃醋　B. 菜里放了许多醋　C. 菜的味道不太酸

二、听下列对话，选择正确答案 Listen to the conversations and choose the correct answers

1. A. 暑假时要去北京　　B. 给男的介绍北京　　C. 去北京的经历
2. A. 没有意思　　　　　B. 感到紧张　　　　　C. 睁不开眼睛
3. A. 精彩的杂技表演　　B. 电视里的杂技表演　C. 现场的杂技表演

4. A. 不都是北京人开的　　B. 都是外地人开的　　C. 都是相同风味的
5. A. 分散注意力　　　　　B. 看电视节目　　　　C. 集中注意力
6. A. 他们决定吃日本菜　　B. 日本菜都很辣　　　C. 有的四川菜不辣
7. A. 很多衣服都敢穿　　　B. 很多衣服不敢穿　　C. 不敢穿以前的衣服
8. A. 看照片　　　　　　　B. 把照片收好　　　　C. 去上课
9. A. 没办法表演　　　　　B. 集中注意力　　　　C. 影响表演的效果
10. A. 看演出的人很多　　　B. 演出不会精彩　　　C. 观众都站着看

三、听下列课文，并做练习　Listen to the texts and do exercises

课文一　Text 1

练习　Exercise

（一）听两遍，选择正确答案　Listen twice and choose the correct answers

1. A. 精彩的服装表演　　B. 现场的服装表演　　C. 电视里的服装表演
2. A. 不都是吸引人的　　B. 都不是很贵的　　　C. 都是很漂亮的
3. A. 我几乎没有钱　　　B. 我怎么会没有钱　　C. 我的钱不多
4. A. 不都是很清楚的　　B. 都不太清楚　　　　C. 都是很清楚的
5. A. 效果不太好　　　　B. 效果也不错　　　　C. 不知道效果怎么样

（二）再听一遍，回答问题　Listen again and answer the questions

1. 王欣以前看过现场的服装表演吗？
2. 王欣觉得昨天看的服装表演怎么样？
3. 王欣能做跟服装表演一样的衣服吗？
4. 李阳认为王欣拍的照片怎么样？
5. 有些没用闪光灯拍的照片怎么样？

课文二　　Text 2

练习　Exercise

(一) 听两遍，辨别对错　Listen twice, then identify the right and the wrong statements

1. 上海是国际城市，也是文化名城。　　（　）
2. 上海有西方建筑，但是没有传统建筑。（　）
3. 上海最热闹的地方是豫园。　　　　　（　）
4. 南京路的夜景很美。　　　　　　　　（　）
5. 上海外地人很多，外国人也特别多。　（　）

(二) 再听一遍，回答问题　Listen again and answer the questions

1. 上海是一座怎样的城市？
2. 人们觉得外滩的夜景怎么样？
3. 有些外国人为什么想学上海话？
4. 为什么说在上海生活很方便？
5. 来过上海的外国人对上海的印象怎么样？

第九课

词语 Vocabulary

1. 兴奋	（形）	xīngfèn	excited	흥분하다, 북받치다	興奮する
2. 服装	（名）	fúzhuāng	clothing	옷	服装
3. 旗袍	（名）	qípáo	close-fitting Chinese dress with side vents	중국 여성의 전통옷	チャイナドレス
4. 更加	（副）	gèngjiā	more	더욱더	ますます
5. 浓	（形）	nóng	strong or great	농후하다, 깊다	濃い
6. 镜子	（名）	jìngzi	mirror	거울	鏡
7. 照	（动）	zhào	to face a mirror or other reflective surface	거울을 보다, 비추다	映る
8. 量	（动）	liáng	to measure	재다	はかる
9. 尺寸	（名）	chǐcùn	size	사이즈	サイズ
10. 对话	（名）	duìhuà	dialogue	대화	対話
11. 样式	（名）	yàngshì	style	양식, 격식, 스타일	スタイル

12.	鼓掌	（动）	gǔ zhǎng	to applaud	박수치다	拍手
13.	经历	（名）	jīnglì	experience	경력	経験する
14.	亲自	（副）	qīnzì	personally	친히, 몸소, 직접	自分で
15.	吸引	（动）	xīyǐn	to attract	흡인하다, 빠지다	引き付ける
16.	亲戚	（名）	qīnqi	relation	친척	親戚
17.	专门	（副）	zhuānmén	specially	전문	専門の

一、听下列句子，选择正确答案　Listen to the sentences and choose the correct answers

1. A. 换其他样式　　B. 换其他尺寸　　C. 换其他颜色
2. A. 跳得很高　　　B. 喜欢那位演员　C. 常常容易激动
3. A. 看别人看书　　B. 别大声说话　　C. 努力学习
4. A. 说话　　　　　B. 喝茶　　　　　C. 吃药
5. A. 去晚会的现场　B. 去看表演的节目　C. 穿上表演的服装
6. A. 影响老师讲课　B. 分散注意力　　C. 听老师讲课
7. A. 她以前就对旗袍感兴趣
   B. 她现在才喜欢上了旗袍
   C. 她以前从来没见过旗袍
8. A. 四个季节都很暖和　B. 有时冷有时热　C. 没有这儿的气候好
9. A. 长短合适　　　　　B. 大小正好　　　C. 尺寸不对
10. A. 不理解意思　　　　B. 听不太懂对话　C. 几乎看不懂

二、听下列对话，选择正确答案　Listen to the conversations and choose the correct answers

1. A. 都很普通　　　　　B. 都有特别　　　C. 没有传统特色

2. A. 比以前胖　　　　　B. 还比较瘦　　　　　C. 还比较胖

3. A. 时间太长了　　　　B. 非常得意　　　　　C. 效果不怎么样

4. A. 很美丽　　　　　　B. 很有名　　　　　　C. 像电影演员

5. A. 小王　　　　　　　B. 自己　　　　　　　C. 男的

6. A. 量尺寸　　　　　　B. 买旗袍　　　　　　C. 换样式

7. A. 他不喜欢看电影　　B. 不喜欢里面的演员　C. 演员演得不好

8. A. 看这本书　　　　　B. 表示高兴　　　　　C. 感谢她

9. A. 拍照　　　　　　　B. 拿出照相机　　　　C. 带照相机

10. A. 他觉得那些工作都不好

　　B. 他没有找到合适的工作

　　C. 他想丰富自己的知识

三、听下列课文，并做练习　Listen to the texts and do exercises

课文一　Text 1

练习　Exercise

（一）听两遍，选择正确答案　Listen twice and choose the correct answers

1. A. 感到紧张　　　　　B. 觉得有意思　　　　C. 又哭又笑

2. A. 惊险的电影　　　　B. 谈爱情的电影　　　C. 吸引人的电影

3. A. 又哭又笑的　　　　B. 紧张的　　　　　　C. 动作片

4. A. 不可能　　　　　　B. 有可能　　　　　　C. 不知道

5. A. 哈利　　　　　　　B. 丽莎　　　　　　　C. 哈利和丽莎

（二）再听一遍，回答问题　Listen again and answer the questions

1. 丽莎为什么让哈利陪她去看电影？
2. 哈利为什么喜欢看惊险片？
3. 丽莎对什么电影最感兴趣？
4. 哈利为什么不喜欢看爱情片？
5. 今天晚上他们去看什么电影？

课文二　Text 2

练习　Exercise

（一）听两遍，辨别对错　Listen twice, then identify the right and the wrong statements

1. 这些东西都是王欣给自己买的。　　（　）
2. 有些东西是要送给亲戚朋友的。　　（　）
3. 这件旗袍是王欣专门请人做的。　　（　）
4. 王欣在镜子前试穿了这件旗袍。　　（　）
5. 王欣说这件旗袍的尺寸很合适。　　（　）

（二）再听一遍，回答问题　Listen again and answer the questions

1. 王欣买的东西都是给她自己的吗？
2. 王欣的那件旗袍是哪儿来的？
3. 穿旗袍特别讲究什么？
4. 王欣穿上旗袍后做了什么？
5. 王欣穿上旗袍会很好看吗？

第十课

词语 Vocabulary

1. 房屋	(名)	fángwū	house	집	家
2. 中介	(名)	zhōngjiè	intermediary	중개소	仲介する
3. 条件	(名)	tiáojiàn	condition	조건	条件
4. 租	(动)	zū	to rent	임차하다, 임대하다	借りる
5. 而	(连)	ér	but	…지만, …면서	しかし
6. 渐渐	(副)	jiànjiàn	gradually	점점	しだいに
7. 熟悉	(动)	shúxī	to be familiar with	익숙하다, 익다	熟知する
8. 周围	(名)	zhōuwéi	surroundings	주변	周囲
9. 面积	(名)	miànjī	measure of area	면적	面積
10. 显得	(动)	xiǎnde	to seem	나타나다, 드러나다	いかにも…に見える
11. 家具	(名)	jiājù	furniture	가구	家具
12. 具备	(动)	jùbèi	to possess	갖추다, 구비하다	備える

13. 费用	（名）	fèiyòng	expense	비용	費用
14. 吵	（形）	chǎo	clamorous	싸우다	騒がしい
15. 投	（动）	tóu	to throw	던지다	投げる
16. 的确	（副）	díquè	truly	확실히	確かだ
17. 减肥	（动）	jiǎn féi	lose weight	다이어트하다	ダイエット

一、听下列句子，选择正确答案 Listen to the sentences and choose the correct answers

1. A. 他还要找房子　　B. 他租了看的房子　　C. 他看的房子不好
2. A. 运动　　　　　　B. 听音乐　　　　　　C. 看书
3. A. 他今天很开心　　B. 他平时不太开心　　C. 他今天好像不开心
4. A. 两个小时　　　　B. 一个半小时　　　　C. 两个半小时
5. A. 只有一个月了　　B. 已经结束了　　　　C. 他没出去玩儿
6. A. 以前就熟悉的朋友　B. 在车上认识的朋友　C. 下车后遇到的朋友
7. A. 很快　　　　　　B. 不太慢　　　　　　C. 不太快
8. A. 面积显得不太大　　B. 不是什么家具都有　C. 放了家具就很挤
9. A. 看看房子的价格　　B. 工作几年后买房子　C. 现在就买房子
10. A. 现在没钱去留学　　B. 现在不想去留学　　C. 现在有钱去留学

二、听下列对话，选择正确答案 Listen to the conversations and choose the correct answers

1. A. 价格不算便宜　　B. 环境不算好　　　　C. 出去不算方便
2. A. 打得很好　　　　B. 动作不好看　　　　C. 打得不好
3. A. 演奏音乐　　　　B. 把看书的人赶走了　C. 让演奏音乐的人离开
4. A. 走过来　　　　　B. 开车　　　　　　　C. 找停车的地方
5. A. 没有钱和时间　　B. 有钱，但没时间　　C. 有时间，但没钱

6. A. 没有剪短　　　　B. 更长了　　　　　　　C. 剪短了
7. A. 尺寸不合适　　　B. 颜色比较好　　　　　C. 不是很满意
8. A. 让女的买个柜子　B. 把一个柜子送给女的　C. 再拿两个柜子来
9. A. 不敢吃　　　　　B. 别人吃掉了　　　　　C. 要给男的吃
10. A. 旅游　　　　　　B. 体育比赛　　　　　　C. 联欢晚会

三、听下列课文，并做练习　Listen to the texts and do exercises

课文一　Text 1

练习　Exercise

（一）听两遍，选择正确答案　Listen twice and choose the correct answers

1. A. 没有时间　　　　B. 要去教室　　　　　　C. 要减肥
2. A. 蔬菜和水　　　　B. 没有吃　　　　　　　C. 牛奶和饼干
3. A. 多做运动　　　　B. 少吃蔬菜多喝水　　　C. 多吃蔬菜少喝水
4. A. 没有效果　　　　B. 影响身体　　　　　　C. 再次长胖
5. A. 接受李阳的建议　B. 不减肥了　　　　　　C. 仍然跟以前一样

（二）再听一遍，回答问题　Listen again and answer the questions

1. 这几天芳子是用什么方法减肥的？
2. 芳子为什么用这种方法减肥？
3. 李阳建议芳子怎样减肥？
4. 太快减肥为什么不好？
5. 芳子接受了李阳的建议吗？

课文二　Text 2

练习　Exercise

（一）听两遍，辨别对错　Listen twice, then identify the right and the wrong statements

1. 丽莎的手机已经旧了。　　　　（　　）
2. 丽莎的手机可能是摔坏了。　　（　　）
3. 丽莎的手机已经换掉了。　　　（　　）
4. 哈利建议丽莎买新的手机。　　（　　）
5. 丽莎就决定不修手机了。　　　（　　）

（二）再听一遍，回答问题　Listen again and answer the questions

1. 丽莎的手机为什么不能用了？
2. 丽莎想马上买新的手机吗？
3. 哈利认为丽莎的手机值得修理吗？
4. 丽莎决定把手机拿去修理吗？
5. 丽莎会不会买新的手机？

第十一课

词语 Vocabulary

1.	风俗	(名)	fēngsú	customs	풍속	風習
2.	形成	(动)	xíngchéng	to form	생기다, 형성하다	形成する
3.	幅	(量)	fú	a word used to quantify pictures	폭	布地や絵画を数える単位
4.	画	(名)	huà	drawing	그림	絵画
5.	悠久	(形)	yōujiǔ	long-standing	유구하다	悠久である
6.	不论	(连)	búlùn	no matter	물론	たとえ…であろうとも
7.	精致	(形)	jīngzhì	exquisite	정교롭다	細かい
8.	诚实	(形)	chéngshí	honest	성실하다	誠実である
9.	害	(动)	hài	to murder	해치다	災い
10.	美好	(形)	měihǎo	beautiful	아름답다	すばらしい
11.	回忆	(名)	huíyì	recall	돌이키다, 회상하	思い出す
12.	到底	(副)	dàodǐ	after all	도대체	一体、そもそも
13.	标准	(名)	biāozhǔn	standard	표준	標準、基準

14. 镇	（名）	zhèn	town	진	鎮
15. 住宅	（名）	zhùzhái	house	주택	住宅
16. 纪念	（动）	jìniàn	to commemorate	기념하다	記念する

一、听下列句子，选择正确答案 Listen to the sentences and choose the correct answers

1. A. 老师说得慢的
   B. 老师说得有点儿快的
   C. 老师说得非常快的

2. A. 刚学游泳就形成了
   B. 游了一次就形成了
   C. 经过一段时间后形成的

3. A. 风俗习惯　　　　B. 时间　　　　　　C. 年纪

4. A. 来说话人的公司工作
   B. 失去现在的工作
   C. 仍然在公司工作

5. A. 要看这座桥　　　B. 要看这幅画儿　　C. 要看唐老师

6. A. 我已经去过黄山　B. 同屋下次和我去黄山　C. 我打算去黄山

7. A. 南京的历史很悠久
   B. 南京很吸引人
   C. 游客的国家都有很长的历史

8. A. 他要去北京工作了
   B. 他快到北京了
   C. 他见到了他的老朋友

9. A. 建造得很精致　　B. 没有北方那么精致　C. 不比北方精致

10. A. 杭州不值得去
    B. 杭州最值得去
    C. 比杭州值得去的地方更多

二、听下列对话，选择正确答案　Listen to the conversations and choose the correct answers

1. A. 她要买更舒服的　　B. 她觉得太贵了　　C. 她认为不好看
2. A. 女的不能害小王　　B. 小王会害诚实的人　　C. 女的可以放心去
3. A. 他还在哈尔滨　　B. 他想去哈尔滨看雪景　C. 他去过哈尔滨
4. A. 她可以借车给男的用
   B. 她可以租车给男的用
   C. 男的可以租一辆车
5. A. 比以前更暖和　　B. 可能比以前冷　　C. 也会比较暖和
6. A. 男的没见到李芳　B. 男的还没到北京　C. 男的要到北京来
7. A. 他们正在打电话
   B. 男的打算去找女的
   C. 男的想听听女的声音
8. A. 50　　　　　　B. 20　　　　　　C. 60
9. A. 她已经决定去外滩了
   B. 她还没想好
   C. 她不知道去外滩好不好
10. A. 女的应该坚持跑步　B. 女的不用继续跑　C. 女的应该放弃跑步

三、听下列课文，并做练习　Listen to the texts and do exercises

课文一　Text 1

练习　Exercise

（一）听两遍，辨别对错　Listen twice, then identify the right and the wrong statements

1. 男的在预订房间。　　　　　　　　　　　（　　）

2. 海天宾馆的房间,周日比周一贵 100 元。　（　）
3. 男的希望宾馆离海边不远。　（　）
4. 从宾馆到海边,开车需要 15 分钟。　（　）
5. 男的订的房间是 288 元的。　（　）

(二) 再听一遍,回答问题　Listen again and answer the questions

1. 这个对话可能发生在哪里?
2. 男的要做什么?
3. 海天宾馆的条件怎么样?
4. 价格标准是什么情况?
5. 男的最后订到房间了吗?是哪一天的?

课文二　Text 2

练习　Exercise

(一) 听两遍,辨别对错　Listen twice, then identify the right and the wrong statements

1. "我"是什么时候去的七宝镇?
   A. 上个星期五　　B. 上个星期六　　C. 上个星期天
2. 七宝镇在什么地方?
   A. 北京　　B. 上海　　C. 苏州
3. 七宝镇有多少年的历史了?
   A. 1000 多年　　B. 300 多年　　C. 700 多年
4. "我"在哪儿买了白酒?
   A. 普通的商店　　B. 专门做酒的商店　　C. 别的地方的商店
5. "我"为什么买了白酒?
   A. 想尝尝它的味道　　B. 带回去喝　　C. 作为纪念

(二) 再听一遍，回答问题　Listen again and answer the questions

1. 七宝镇是个怎样的南方小镇？
2. 七宝镇 300 多年前就已经怎么样了？
3. 七宝镇的商店和住宅显得怎么样？
4. 七宝镇的什么给"我"留下了深刻的印象？
5. "我"买白酒的目的是什么？

第十二课

词语 Vocabulary

1. 曾经	（副）	céngjīng	once	이미, 이전에	かつて
2. 既……又……	（连）	jì...yòu...	not only... but also...	뿐만 아니라 (또한) 도	…だけでなく…
3. 烦恼	（形）	fánnǎo	annoyed	고민하다	悩む
4. 与其……不如……	（连）	yǔqí... bùrú...	would rather... than...	…하기 보다는	…よりも…のほうが…
5. 答应	（动）	dāying	to promise	대답하다	答える
6. 越来越	（副）	yuèláiyuè	more and more	더욱더	ますます…
7. 分手	（动）	fēnshǒu	break up	헤어지다	別れる
8. 同情	（动）	tóngqíng	to sympathize	불쌍히 여기다, 동정하다	同情する
9. 既然	（副）	jìrán	since	기왕 그렇게 된 이상	…である以上
10. 本来	（副）	běnlái	originally	원래	本来の
11. 重视	（动）	zhòngshì	to attach importance to	중시하다, 중요시하다	重視する

12. 伤心	（动）	shāng xīn	to break one's heart	속상하다	悲しむ
13. 哭	（动）	kū	to cry	울다	泣く
14. 应当	（动）	yīngdāng	should	당연하다, 응당하다	…べきである
15. 往往	（副）	wǎngwǎng	frequently	늘, 항상	往々にして
16. 撞	（动）	zhuàng	hit	부딪치다	ぶつかる

一、听下列句子，选择正确答案 Listen to the sentences and choose the correct answers

1. A. 大连是城市　　　B. 大连风景美丽　　　C. 大连气候舒服
2. A. 爸爸　　　　　　B. 妈妈　　　　　　　C. 妈妈的朋友
3. A. 老师　　　　　　B. 医生　　　　　　　C. 导游
4. A. 我在黄山上拍了照
   B. 朋友在黄山上没拍照
   C. 我买了黄山的茶
5. A. 哈利很诚实　　　B. 哈利刚才认识李芳　C. 李芳诚实而热情
6. A. 西安的历史　　　B. 有趣的经历　　　　C. 不愉快的事
7. A. 小李已经长大了　B. 小李想去西安　　　C. 妈妈也想去西安
8. A. 王欣不见到雪就不开心
   B. 王欣想去哈尔滨
   C. 王欣是第一次见到雪
9. A. 她买到了火车票　B. 她在西安时很烦恼　C. 她没有去西安
10. A. 假期的时间不长
    B. 李阳打算去旅游
    C. 李阳想在家里休息

二、听下列对话，选择正确答案　Listen to the conversations and choose the correct answers

1. A. 女的没去北京　　　　B. 小李的家在北京　　　　C. 女的要去北京
2. A. 女的常常说汉语　　　B. 女的不会说韩国语了　　C. 女的是中国人
3. A. 不值得同情

   B. 不应该跟女朋友分手

   C. 可以再找一个女朋友
4. A. 他们现在回家了　　　B. 他们还没有到西湖　　　C. 女的还不想回家
5. A. 他应该坐 14 路车

   B. 他坐错了车

   C. 他不知道应该坐几路车
6. A. 李阳不会其他的　　　B. 李阳不会说英语　　　　C. 李阳会唱歌
7. A. 芳子的病好了　　　　B. 芳子很想见老同学　　　C. 芳子不能来了
8. A. 5:15　　　　　　　　B. 5:30　　　　　　　　　C. 5:50
9. A. 火车站　　　　　　　B. 一条大街　　　　　　　C. 外滩
10. A. 会说汉语就行了　　　B. 要重视汉字　　　　　　C. 要花时间学习汉字

三、听下列课文，并做练习　Listen to the texts and do exercises

课文一　Text 1

练习　Exercise

(一) 听两遍，选择正确答案　Listen twice and choose the correct answers

1. A. 7:30　　　　　　　　B. 8:00　　　　　　　　　C. 9:00
2. A. 不是很想看　　　　　B. 有点儿想看　　　　　　C. 非常想看
3. A. 有点儿生气　　　　　B. 不太生气　　　　　　　C. 非常生气

4. A. 大永不同情妹妹　　B. 大永又找了个女朋友　　C. 大永的妹妹哭了
5. A. 没接到　　　　　　B. 接到了　　　　　　　　C. 不知道

（二）再听一遍，回答问题　Listen again and answer the questions

1. 芳子在那儿等了多长时间？
2. 他们两个要去做什么？
3. 大永为什么迟到了？
4. 大永的妹妹怎么了？
5. 芳子的手机怎么了？

课文二　Text 2

练习　Exercise

（一）听两遍，辨别对错　Listen twice, then identify the right and the wrong statements

1. 哈利来中国前，一点儿汉语也不会说。　（　　）
2. 哈利刚来中国时，有时说汉语会说错。　（　　）
3. 哈利喜欢听很有趣的事情。　（　　）
4. 哈利在逛南京路时撞倒了一个人。　（　　）
5. 哈利想给那个人钱。　（　　）

（二）再听一遍，回答问题　Listen again and answer the questions

1. 哈利来中国前只会说的汉语是什么？
2. 哈利刚来中国时常常会怎么样？
3. 哈利去逛街时发生了什么事？
4. 哈利为什么对那个人说"多少钱"？
5. 那个人听了哈利的话后是怎么说的？

第十三课

词语 Vocabulary

1. 从此	（副）	cóngcǐ	from now on	그때부터	この時から
2. 性格	（名）	xìnggé	character	성격	性格
3. 接近	（动）	jiējìn	to be close to	비슷하다	近づく
4. 幽默	（形）	yōumò	humorous	유머적이다	ユーモア
5. 甚至	（副）	shènzhì	furthermore	심지어	…さえ
6. 果园	（名）	guǒyuán	fruit farm	과수원	果樹園
7. 成熟	（动）	chéngshú	to ripe	무르익다, 성숙하다	熟する
8. 胸	（名）	xiōng	chest	가슴	胸部
9. 受	（动）	shòu	to suffer	받다, 받아드리다	受ける
10. 伤	（名）	shāng	injury	상처	傷つける
11. 痛	（动）	tòng	pain	아프다	痛む
12. 笑话	（名）	xiàohua	joke	우스갯소리, 농담	ジョーク
13. 职业	（名）	zhíyè	career	직업	職業

第十三课

14. 运动员	（名）	yùndòngyuán	sportsman	운동원	スポーツ選手
15. 卧铺	（名）	wòpù	sleeping carriage	(기차나 여객선 등의) 침대	寝台
16. 被子	（名）	bèizi	quilt	이불	掛け布団
17. 毯子	（名）	tǎnzi	blanket	담요	毛布
18. 车厢	（名）	chēxiāng	railway carriage	객차	列車などの箱

一、听下列句子，选择正确答案 Listen to the sentences and choose the correct answers

1. A. 他以前喝过酒　　B. 他从来不喝酒　　C. 没重要的事就喝酒
2. A. 他帮我问了路
   B. 他告诉了我回宾馆的路
   C. 他迷路了
3. A. 去上海　　B. 去旅游　　C. 看王欣
4. A. 8 点　　B. 8 点 30 分　　C. 9 点
5. A. 他们能让我们幽默　B. 他们的性格差不多　C. 他们都很有意思
6. A. 天气不好　　B. 路太远了　　C. 没有时间
7. A. 帮丽莎找护照　B. 让丽莎别着急　C. 看丽莎的护照在不在
8. A. 饮食习惯不同　B. 衣服样式不一样　C. 走的路不一样
9. A. 给芳子写信　　B. 寄给芳子礼物　　C. 庆祝芳子的生日
10. A. 再去北京游览　B. 有游览的经历　C. 去从来没去过的北京

二、听下列对话，选择正确答案 Listen to the conversations and choose the correct answers

1. A. 坐车方便的时候　B. 水果快成熟时　C. 可以吃水果的时候

2. A. 他们在爬山　　　　B. 他们在吃午饭　　　C. 他们到山顶了
3. A. 李阳不敢说笑话　　B. 他不敢跟李阳说笑话　C. 他没有出过洋相
4. A. 在家　　　　　　　B. 在学校　　　　　　 C. 在医院
5. A. 李阳和芳子　　　　B. 王欣和芳子　　　　 C. 李阳和王欣
6. A. 他不想去饭店　　　B. 他不让女的去饭店　 C. 跟导游去超市
7. A. 篮球打得不好了　　B. 年轻时是专门打篮球的　C. 现在不能打球了
8. A. 语音　　　　　　　B. 语法　　　　　　　 C. 汉字
9. A. 兴趣　　　　　　　B. 年纪　　　　　　　 C. 性格
10. A. 她不想去上海　　　B. 她准备好去北京了　 C. 她不让男的去上海

三、听下列课文，并做练习　Listen to the texts and do exercises

课文一　Text 1

练习　Exercise

（一）听两遍，选择正确答案　Listen twice and choose the correct answers

1. A. 汽车站　　　　　B. 火车站　　　　　　C. 飞机场
2. A. 11 点　　　　　 B. 12 点　　　　　　　C. 12 点半
3. A. 7 点　　　　　　B. 8 点　　　　　　　 C. 8 点半
4. A. 15 元　　　　　 B. 50 元　　　　　　　C. 35 元
5. A. 7 点带空调的　　B. 8 点半不带空调的　　C. 8 点半带空调

（二）再听一遍，回答问题　Listen again and answer the questions

1. 买票的人要在几点前到南京？
2. 买票的人为什么不坐早上 7 点的车？

3. 买票的人觉得坐哪趟车更合适？

4. 去南京的车票有几种？

5. 8点半的这趟车什么时候到南京？

课文二　Text 2

练习　Exercise

（一）听两遍，辨别对错　Listen twice, then identify the right and the wrong statements

1. 上海的冬天又冷又湿。　　　　（　　）
2. 他们坐的是卧铺。　　　　　　（　　）
3. 他们在火车上睡觉会很冷。　　（　　）
4. 大永的卧铺在芳子的上面。　　（　　）
5. 车厢里可以喝到免费的热水。　（　　）

（二）再听一遍，回答问题　Listen again and answer the questions

1. 芳子把什么给了大永？
2. 大永觉得上海的冬天怎么样？
3. 卧铺上有什么？
4. 车厢里有什么？
5. 大永要去做什么？

第十四课

词语 Vocabulary

1.	来得及	（动）	láidejí	there's still time	늦지 않다	間に合う
2.	来不及	（动）	láibují	it's too late	늦다, 여유가 없다	間に合わない
3.	显然	（副）	xiǎnrán	obviously	분명히	はっきりと
4.	说不定	（副）	shuōbudìng	maybe	…일지도 모른다	もしかしたら…かも知れない
5.	允许	（动）	yǔnxǔ	to permit	허락하다	許可する
6.	住宿	（动）	zhùsù	to stay	묵다, 숙박하다	泊まる
7.	即使……也……	（连）	jíshǐ...yě...	even... also...	설령…하더라도	たとえ…であろうと
8.	拒绝	（动）	jùjué	to refuse	거절하다	拒絶する
9.	解释	（动）	jiěshì	to explain	설명하다	解釈する
10.	稍微	（副）	shāowēi	ratherish	조금	ちょっと
11.	晕车	（动）	yùn chē	to be carsick	차멀미하다	車に酔う
12.	脸色	（名）	liǎnsè	facial expression	얼굴색	顔色
13.	闹钟	（名）	nàozhōng	alarm clock	자명종, 알람	目覚まし時計
14.	增加	（动）	zēngjiā	to increase	증가하다	増加する

| 15. 奶酪 | （名） | nǎilào | cheese | 치즈 | チーズ |
| 16. 香肠 | （名） | xiāngcháng | sausage | 소시지 | ソーセージ |

一、听下列句子，选择正确答案 Listen to the sentences and choose the correct answers

1. A. 十五个 B. 十七个 C. 两个
2. A. 来得及 B. 来不及 C. 不知道
3. A. 他迟到了 B. 他不想去杭州了 C. 他没有买到飞机票
4. A. 带了护照 B. 不能住宾馆 C. 在宾馆住宿
5. A. 喜欢金大永 B. 送给金大永礼物 C. 不要金大永的礼物
6. A. 去医院看病 B. 看书和听音乐 C. 去外边玩儿
7. A. 坐飞机 B. 坐火车 C. 坐火车和坐飞机
8. A. 他能去旅游 B. 他应该去旅游 C. 他不应该去旅游
9. A. 没来上课的原因 B. 为什么身体不舒服 C. 为什么来上课
10. A. 他晕车了 B. 他吃了药就不晕车了 C. 他给哈利吃了晕车药

二、听下列对话，选择正确答案 Listen to the conversations and choose the correct answers

1. A. 会害了别人 B. 别人会再买一台 C. 别人会不高兴
2. A. 周庄 B. 苏州 C. 海南
3. A. 女的晕车了 B. 女的感冒了 C. 女的不舒服
4. A. 别点贵的菜就可以 B. 点贵的菜也可以 C. 稍微吃一点儿就行
5. A. 他们晚上回上海 B. 他们来得及回上海 C. 他们今天不回上海了
6. A. 把这些菜吃完 B. 带回去吃 C. 只吃一点儿
7. A. 也想去桂林 B. 不愿意去桂林 C. 想法跟男的不一样
8. A. 用闹钟的办法 B. 周末应该做什么 C. 怎样才能不迟到
9. A. 学校的宾馆安静 B. 学校里生活更方便 C. 学校的宾馆比较吵

10. A. 吃中国菜没问题
    B. 学习上不适应
    C. 还不太习惯吃中国菜

三、听下列课文，并做练习 Listen to the texts and do exercises

课文一 Text 1

练习 Exercise

（一）听两遍，选择正确答案 Listen twice and choose the correct
wrong statements

1. A. 几个月   B. 半年   C. 一年多
2. A. 去过   B. 没去过   C. 不知道
3. A. 今年秋天   B. 今年冬天   C. 明年秋天
4. A. 王老师   B. 别的同学   C. 丽莎的弟弟
5. A. 因为他们不熟悉北京
   B. 因为人多比较热闹
   C. 因为他们自己不能去

（二）再听一遍，回答问题 Listen again and answer the questions

1. 哈利为什么没去过别的地方？
2. 哈利认为去北京方便吗？
3. 哪个季节去北京最好？
4. 丽莎去北京时还想做什么？
5. 他们打算和谁一起去北京？

课文二　Text 2

练习　Exercise

(一) 听两遍，辨别对错　Listen twice, then identify the right and the wrong statements

1. 玛丽和丽莎来中国后胖了几十公斤。　　　(　)
2. 玛丽认为自己长胖是因为中餐太油了。　　(　)
3. 她们在英国只吃奶酪和香肠。　　　　　　(　)
4. 丽莎认为自己长胖是因为不太运动。　　　(　)
5. 她们都打算天天锻炼了。　　　　　　　　(　)

(二) 再听一遍，回答问题　Listen again and answer the questions

1. 玛丽和丽莎来中国以后，体重增加了多少？
2. 她们认为长胖跟什么有关系？
3. 她们准备怎样减肥？
4. 她们打算从什么时候开始减肥？
5. 丽莎认为中国人胖的很少，跟什么有关系？

第十五课

词语 Vocabulary

1.	后悔	（动）	hòuhuǐ	to regret	후회하다	後悔
2.	按时	（副）	ànshí	on time	제시간에, 제때에	時間どおりに
3.	基本	（副）	jīběn	basically	기본적	基礎
4.	加强	（动）	jiāqiáng	to strengthen	강화하다	強化する
5.	营养	（名）	yíngyǎng	nutrition	영양	栄養
6.	水平	（名）	shuǐpíng	level	수준	レベル
7.	缺乏	（动）	quēfá	lack	모자라다	足りない
8.	信心	（名）	xìnxīn	confidence	신심	自信
9.	可惜	（形）	kěxī	pity	아깝다, 애석하다	惜しい
10.	状态	（名）	zhuàngtài	condition	상황, 상태	状態
11.	想象	（动）	xiǎngxiàng	to imagine	상상하다	イメージ
12.	尽量	（副）	jǐnliàng	to the best of one's abilities	되도록	できるだけ
13.	合影	（动）	hé yǐng	to take group photo	단체 사진	一緒に写真を写す
14.	失去	（动）	shīqù	to lose	잃다	失う
15.	遗憾	（形）	yíhàn	pity	유감이다	残念

第十五课

一、听下列句子，选择正确答案　Listen to the sentences and choose the correct answers

1. A. 芳子考试时不认真　　B. 芳子考试前准备了　　C. 芳子考试的成绩不好
2. A. 2个　　　　　　　　B. 3个　　　　　　　　C. 5个
3. A. 按时吃药　　　　　　B. 休息一会儿　　　　　C. 只要吃药
4. A. 没有事情做　　　　　B. 还在想生气的事　　　C. 现在不太生气了
5. A. 身体很好　　　　　　B. 已经去上班了　　　　C. 还需要多吃东西
6. A. 不敢自己去医院
   B. 认为自己汉语水平不好
   C. 自己去了医院
7. A. 他明天要考试　　　　B. 他明天不用考试　　　C. 他应该早点儿休息
8. A. 金大永去北京了
   B. 金大永没去北京
   C. 金大永没去北京不可惜
9. A. 哈利不能去上班
   B. 哈利工作时状态不好
   C. 哈利不休息会感冒
10. A. 没有想象的美　　　　B. 比想象的漂亮　　　　C. 跟想象的一样

二、听下列对话，选择正确答案　Listen to the conversations and choose the correct answers

1. A. 女的在看书　　　　　B. 女的回家了　　　　　C. 男的要考试
2. A. 医生　　　　　　　　B. 老师　　　　　　　　C. 服务员
3. A. 她生病了　　　　　　B. 她的病已经好了　　　C. 她不能去考试
4. A. 女的觉得很可惜　　　B. 男的没有去过豫园　　C. 男的到过豫园了
5. A. 收拾行李　　　　　　B. 休息　　　　　　　　C. 让男的准备行李
6. A. 比他想象的漂亮　　　B. 又热情又漂亮　　　　C. 长得不太漂亮

7. A. 今天不上课　　　　B. 觉得上课来得及　　　C. 今天腿不好

8. A. 他们拍了合影　　　B. 他们一起去公园了　　C. 他们没拍合影

9. A. 他认为不用去医院

   B. 他没学过汉语

   C. 他对自己的汉语缺乏信心

10. A. 以后去不成北京了　B. 没有去成北京　　　　C. 没有去北京的机会

三、听下列课文，并做练习　Listen to the texts and do exercises

课文一　Text 1

练习　Exercise

（一）听两遍，选择正确答案　Listen twice and choose the correct answers

1. A. 她去学校了　　　　B. 她去医院了　　　　　C. 她回了家
2. A. 丽莎　　　　　　　B. 王欣　　　　　　　　C. 李阳
3. A. 在宿舍休息　　　　B. 去旅游　　　　　　　C. 送病人去医院
4. A. 在北京　　　　　　B. 在医院　　　　　　　C. 在家里
5. A. 她和李阳去旅游　　B. 丽莎的身体健康　　　C. 去医院检查身体

（二）再听一遍，回答问题　Listen again and answer the questions

1. 王欣为什么很晚才回到学校？

2. 丽莎生了什么病？

3. 医生让丽莎怎么做？

4. 明天谁会去北京？

5. 李阳觉得什么事太可惜了？

课文二　Text 2

练习　Exercise

（一）听两遍，辨别对错　Listen twice, then identify the right and the wrong statements

1. 丽莎的病快好了。　　　　　　　　（　）
2. 大家都很关心丽莎的健康。　　　　（　）
3. 丽莎在北京时没去著名的景点。　　（　）
4. 同学们计划这个星期去周庄。　　　（　）
5. 丽莎听说过周庄。　　　　　　　　（　）

（二）再听一遍，回答问题　Listen again and answer the questions

1. 丽莎病了后每天都是怎么做的？
2. 现在丽莎的病怎样了？
3. 丽莎觉得遗憾的是什么？
4. 同学们的计划是什么？
5. 周庄被人们称为什么？

第十六课

词语　Vocabulary

1. 准时	（形）	zhǔnshí	punctual	시간을 정확히 지키다	時間どおりに
2. 访问		fǎngwèn	visit	방문하다	訪問する
3. 推荐	（动）	tuījiàn	to recommend	추천하다	薦める
4. 路线	（名）	lùxiàn	route	노선	路線
5. 非……不可		fēi...bùkě	must	꼭…(해야)한다	どうしても…でなければならない
6. 有的是	（动）	yǒudeshì	there are plenty of	숱하다, 얼마든지 있다	沢山ある
7. 随便	（形）	suíbiàn	casual	자유롭다	勝手である
8. 挑	（动）	tiāo	choose	고르다, 선택하다	選ぶ
9. 记得	（动）	jìde	to remember	기억하다	覚えている
10. 添	（动）	tiān	to increase	보충하다	追加する
11. 恐怕	（副）	kǒngpà	probably	아마	おそらく
12. 毫无	（副）	háo wú	none	조금도…않다	まったく

| 13. 作用 | （名） | zuòyòng | effect | 작용 | 作用 |
| 14. 趁 | （介） | chèn | take the advantage of | 틈,때 | …のうちに |

一、听下列句子，选择正确答案 Listen to the sentences and choose the correct answers

1. A. 饮料　　　　　B. 面包　　　　　　C. 水果
2. A. 十五号　　　　B. 十六号　　　　　C. 十七号
3. A. 他赶上飞机了　B. 他准时到了机场　C. 他不能迟到
4. A. 访问中国家庭　B. 参加考试　　　　C. 跟同学出去玩儿
5. A. 跟哈利去旅行　B. 带哈利去几个城市　C. 告诉哈利旅行路线
6. A. 金大永不去上课了　B. 可以早点儿起床　C. 金大永进教室了
7. A. 去医院很近　　B. 离医院很远　　　C. 看病很方便
8. A. 那儿有很多餐馆　B. 去餐馆可以随便吃　C. 他已经挑好了餐馆
9. A. 她住在学校里
   B. 她住在学校附近
   C. 她住的地方离学校不近
10. A. 请别人介绍　　B. 请别人推荐　　　C. 别请别人帮忙

二、听下列对话，选择正确答案 Listen to the conversations and choose the correct answers

1. A. 记得　　　　　　B. 忘记了　　　　　C. 差点儿忘了
2. A. 可以休息一会儿　B. 还可以继续走　　C. 累点儿没关系
3. A. 北京　　　　　　B. 杭州　　　　　　C. 无锡
4. A. 男的迟到了
   B. 男的不在学校里面住
   C. 男的在学校附近住

5. A. 没有搬家　　　　　B. 没有让李阳帮忙　　C. 没有拒绝李阳的帮助
6. A. 离教室很近　　　　B. 早上不用起床　　　C. 坐车出去很方便
7. A. 她感冒了　　　　　B. 她觉得不是很冷　　C. 她穿得很少
8. A. 去哪儿买词典　　　B. 应该推荐什么词典　C. 女的想学习英语
9. A. 很便宜　　　　　　B. 非常贵　　　　　　C. 不算贵
10. A. 体重跟以前一样　　B. 体重稍微轻点儿了　C. 对减肥有信心

三、听下列课文，并做练习　Listen to the texts and do exercises

课文一　Text 1

练习　Exercise

(一) 听两遍，选择正确答案　Listen twice and choose the correct answers

1. A. 放假的时候　　　　B. 来上海一年后　　　C. 春节的时候
2. A. 海南　　　　　　　B. 南京　　　　　　　C. 北京
3. A. 哈利没去北京　　　B. 自己没去过海南　　C. 李阳没去成北京
4. A. 跟李阳见面的机会　B. 去北京的机会　　　C. 坐火车去海南的机会
5. A. 不去北京　　　　　B. 跟李阳去长城　　　C. 游览长城

(二) 再听一遍，回答问题　Listen again and answer the questions

1. 哈利是怎样去杭州和南京的？
2. 哈利去年春节去了哪儿？
3. 哈利为什么没能去成北京？
4. 芳子想跟谁一起去北京？
5. 哈利身体不好也会去北京吗？

课文二　Text 2

练习　Exercise

（一）听两遍，辨别对错　Listen twice, then identify the right and the wrong statements

1. 丽莎考试时觉得写汉字有些难　　（　　）
2. 丽莎考试时会写的汉字不多　　（　　）
3. 李阳让丽莎多练习写汉字　　（　　）
4. 哈利一个汉字也不会写　　（　　）
5. 哈利现在可能不练习写汉字了　　（　　）

（二）再听一遍，回答问题　Listen again and answer the questions

1. 丽莎觉得考试时什么比较难？
2. 李阳是怎样学会很多汉字的？
3. 丽莎怎样才能学好汉字呢？
4. 哈利考得不好的原因是什么？
5. 哈利有信心学好汉字吗？

第十七课

词语 Vocabulary

1. 主张	（动）	zhǔzhāng	to advocate	주장하다	主張する
2. 赞成	（动）	zànchéng	to agree with	동의하다	賛成する
3. 卫生	（名）	wèishēng	hygiene	위생	衛生的である
4. 规模	（名）	guīmó	extent	규모	規模
5. 光	（副）	guāng	only	다만	ただ…だけ
6. 着迷	（动）	zháo mí	be fascinated	사로잡히다	夢中になる
7. 节省	（动）	jiéshěng	to save	절약하다	節約する
8. 随时	（副）	suíshí	at any time	수시로	いつでも
9. 等于	（动）	děngyú	to equal to	같다	…に等しい
10. 白	（副）	bái	vain	헛되이	むだに
11. 奖	（名）	jiǎng	award, prize	상	褒美
12. 优秀	（形）	yōuxiù	excellent	뛰어나다, 우수하다	優秀である
13. 业务	（名）	yèwù	business	업무	業務
14. 事先	（名）	shìxiān	beforehand	사전에	事前に
15. 临时	（形）	línshí	at the time when sth. happens	임시로	その時になって

16. 减少	（动）	jiǎnshǎo	reduce	줄이다, 감소하다	減少する
17. 查	（动）	chá	to look up	찾다	調べる
18. 资料	（名）	zīliào	information, data	자료	資料

一、听下列句子，选择正确答案　Listen to the sentences and choose the correct answers

1. A. 他不同意买房子
   B. 按照女朋友说的做
   C. 不赞成女朋友的意见

2. A. 她自己不喜欢吃
   B. 她觉得太贵了
   C. 她觉得那些小吃不干净

3. A. 规模很大　　　　　B. 工作环境很好　　　　C. 职员们工作不累
4. A. 比平时便宜　　　　B. 比平时贵　　　　　　C. 跟平时一样
5. A. 她把小笼包吃光了　B. 她只吃小笼包　　　　C. 她不吃小笼包
6. A. 非常吸引人　　　　B. 非常有意思　　　　　C. 没有什么特别
7. A. 不要随便花钱　　　B. 不用节省钱　　　　　C. 让父母给他钱
8. A. 他要看书
   B. 那些电影吸引了他
   C. 他对学习汉语着了迷

9. A. 吃得太多了　　　　B. 晚饭吃得太少　　　　C. 吃的东西不干净
10. A. 她从来没学过汉语
    B. 她想随时学习汉语
    C. 她担心听不懂别人说的话

二、听下列对话，选择正确答案 Listen to the conversations and choose the correct answers

1. A. 打篮球　　　　　B. 游泳　　　　　　C. 打篮球和游泳
2. A. 让小女孩去找妈妈　B. 让小女孩别着急　　C. 去找小女孩的妈妈
3. A. 这是自己应该做的　B. 女的受的伤没事儿　C. 不能陪女的去医院
4. A. 应该去吃小笼包　　B. 今天白来豫园了　　C. 可以去吃别的东西
5. A. 会得奖　　　　　B. 很优秀　　　　　C. 很动人
6. A. 跟王欣联系业务　B. 去王欣那儿　　　C. 跟王欣联系
7. A. 去北京前就订　　B. 到了北京再找　　C. 到北京时临时去找
8. A. 可以减少一些衣服　B. 这些衣服都要带　　C. 拍照时要多穿衣服
9. A. 拍的照很少　　　B. 不拍照　　　　　C. 只是看风景
10. A. 了解西藏的文化
    B. 推荐关于西藏的资料
    C. 用电脑查资料

三、听下列课文，并做练习 Listen to the texts and do exercises

课文一　Text 1

练习　Exercise

（一）听两遍，选择正确答案 Listen twice and choose the correct answers

1. A. 今年寒假　　　B. 明年夏天　　　C. 今年暑假
2. A. 不能　　　　　B. 可以　　　　　C. 恐怕不行
3. A. 打折的机票　　B. 便宜的东西　　C. 游泳衣
4. A. 订飞机票　　　B. 买游泳衣　　　C. 去青岛旅游

5. A. 她会提前订机票　　　B. 她去青岛会后悔　　　C. 她会买游泳衣

(二) 再听一遍，回答问题　　Listen again and answer the questions

1. 为什么夏天去青岛比较好？
2. 丽莎可以从这儿直接飞到青岛吗？
3. 学生暑假坐飞机可以买到什么机票？
4. 李阳为什么让丽莎提前订机票？
5. 丽莎去青岛前还会买什么？

课文二　　Text 2

练习　Exercise

(一) 听两遍，辨别对错　　Listen twice, then identify the right and the wrong statements

1. 金大永会在晚会上表演京剧。　　（　　）
2. 京剧是中国传统文化的代表。　　（　　）
3. 是一位老人教金大永唱京剧的　　（　　）
4. 黄佳佳听金大永唱过京剧　　（　　）
5. 金大永担心表演的时候唱不好　　（　　）

(二) 再听一遍，回答问题　　Listen again and answer the questions

1. 金大永为什么喜欢京剧？
2. 金大永是怎样迷上京剧的？
3. 金大永认为自己唱得怎么样？
4. 这次晚会黄佳佳会怎么做？
5. 金大永希望表演时别怎么样？

第十八课

词语 Vocabulary

1. 交通	（名）	jiāotōng	transportation	교통	交通
2. 糟糕	（形）	zāogāo	too bad	엉망진창이다	だめになる
3. 永远	（副）	yǒngyuǎn	forever		永久に
4. 低	（动）	dī	to lower (one's head); to submit	(머리를, 고개를) 숙이다	低くする
5. 暂时	（形）	zànshí	temporary	잠시	しばらく
6. 疲劳	（形）	píláo	tired	피곤하다	疲労
7. 不得不		bù dé bù	have to	할수없이	…せざるを得ない
8. 老	（副）	lǎo	always	자주, 늘	非常にいつも
9. 前台	（名）	qiántái	reception of a hotel	카운터	フロント
10. 征求	（动）	zhēngqiú	to solicit, to seek (for opinions)	의견을 알아보다	たずね求める
11. 干	（形）	gān	dry	마르다	乾燥している
12. 讨厌	（动）	tǎoyàn	to dislike	싫다, 귀찮다	嫌う
13. 尽	（动）	jìn	to use up	다하다 쓰다	尽きる

14. 高原	（名）	gāoyuán	plateau	고원	高原
15. 反应	（名）	fǎnyìng	reaction	반응	反応
16. 超过	（动）	chāoguò	to exceed, to surpass	넘다, 초과하다	追い越す
17. 解决	（动）	jiějué	to solve	해결하다	解決する
18. 周到	（形）	zhōudào	considerate	세심하다, 빈틈없다	周到である

一、听下列句子，选择正确答案 Listen to the sentences and choose the correct answers

1. A. 很不错　　　　　B. 还可以　　　　　　C. 太差了
2. A. 好像时间不长　　B. 下一会儿就会停　　C. 一直都不会停
3. A. 赞成王经理的意见　B. 坚持自己的意见　　C. 按王经理的意见做
4. A. 没有做　　　　　B. 在继续做　　　　　C. 永远不做了
5. A. 有几天没上班　　B. 以后不工作了　　　C. 没有休息的时间
6. A. 穿上好看的衣服　B. 不用穿漂亮的衣服　C. 去参加宴会
7. A. 样式太老了　　　B. 李阳很少穿　　　　C. 李阳一直穿着
8. A. 跟王欣联系后再去
   B. 他们去了王欣的单位
   C. 王欣已经回家了
9. A. 学校　　　　　　B. 餐厅　　　　　　　C. 宾馆
10. A. 先问一下经理　　B. 可以自己决定　　　C. 用不着经理同意

二、听下列对话，选择正确答案 Listen to the conversations and choose the correct answers

1. A. 跟女的在一个旅行团　B. 跟女的谈了很久　　C. 来不及跟女的多谈
2. A. 觉得太疲劳了　　　　B. 今天没有休息过　　C. 明天有很多活动
3. A. 泰山太高了　　　　　B. 雨天路不好走　　　C. 她太疲劳了

4. A. 去旅行时用得着　　B. 去旅行时用不着　　C. 太阳厉害时没有用
5. A. 让人讨厌　　　　　B. 很优美　　　　　　C. 不怎么样
6. A. 怕找不到路　　　　B. 她不会开车　　　　C. 她的行李太多
7. A. 他可能会帮助女的　B. 他会帮女的修车　　C. 他会帮女的开车
8. A. 不快　　　　　　　B. 很快　　　　　　　C. 很慢
9. A. 比以前长　　　　　B. 跟以前差不多　　　C. 比以前短
10. A. 女的没白来西藏　　B. 女的不想出去玩儿 C. 女的身体不舒服

三、听下列课文，并做练习　Listen to the texts and do exercises

课文一　Text 1

练习　Exercise

（一）听两遍，选择正确答案　Listen twice and choose the correct answers

1. A. 昆明　　　　　　　B. 大理　　　　　　　　　C. 西双版纳
2. A. 不太古老　　　　　B. 古老而美丽　　　　　　C. 气候温暖
3. A. 冬天　　　　　　　B. 夏天　　　　　　　　　C. 春天
4. A. 在山上拍的　　　　B. 在昆明和西双版纳拍的　C. 在大理拍的
5. A. 明年春天　　　　　B. 明年夏天　　　　　　　C. 明年冬天

（二）再听一遍，回答问题　Listen again and answer the questions

1. 为什么哈利认为丽莎是冬天去的云南？
2. 玉龙雪山为什么在春天还有雪呢？
3. 云南的大理是个怎样的地方？
4. 丽莎去了云南的哪几个地方？
5. 哈利以后还能看到什么照片？

课文二　Text 2

练习　Exercise

（一）听两遍，辨别对错　Listen twice, then identify the right and the wrong statements

1. 唐老师刚搬进这套房子不久。　　（　）
2. 唐老师住的地方离市中心不近。　　（　）
3. 黄英认为自己开车比打的省钱。　　（　）
4. 唐老师认为打的更省钱省事。　　（　）
5. 黄英常常自己开车去游山玩水。　　（　）

（二）再听一遍，回答问题　Listen again and answer the questions

1. 黄英认为唐老师的新房子怎么样？
2. 黄英原来以为那儿的环境怎么样？
3. 唐老师为什么不想买车？
4. 唐老师让黄英考虑的问题是什么？
5. 黄英为什么想以后买辆车？

第十九课

词语 Vocabulary

1.	研究	(动)	yánjiū	to research	연구하다	研究する
2.	繁华	(形)	fánhuá	thriving, prosperous	번화하다	にぎやかである
3.	地带	(名)	dìdài	area	지역	地带
4.	抽	(动)	chōu	to try and find time	시간을 내다	引き出す
5.	处理	(动)	chǔlǐ	to handle, conduct	처리하다	処理する
6.	行程	(名)	xíngchéng	schedule of travel	일정	道のり
7.	市场	(名)	shìchǎng	market	시장	市場
8.	竞争	(名)	jìngzhēng	competition	경쟁	競争
9.	激烈	(形)	jīliè	fierce	치열하다	激しい
10.	果然	(副)	guǒrán	really, as expected	과연	やはり
11.	隔壁	(名)	gébì	next door	옆방	隣家
12.	经验	(名)	jīngyàn	experience	경험	経験
13.	托	(动)	tuō	to ask (sb. to do sth.)	맡기다	託す
14.	满足	(动)	mǎnzú	to be satisfied, satisfy	만족하다	満足する

15. 付	（动）	fù	to put in	지불하다	払う
16. 精力	（名）	jīnglì	energy	정력, 힘	気力と体力
17. 提醒	（动）	tíxǐng	to remind	일깨우다	注意を与える
18. 梦想	（名）	mèngxiǎng	dream	꿈	夢

一、听下列句子，选择正确答案 Listen to the sentences and choose the correct answers

1. A. 芳子 B. 哈利 C. 金大永
2. A. 学习 B. 旅游 C. 爬山
3. A. 考虑一个计划 B. 研究怎样学习 C. 马上去旅游
4. A. 陪丽莎去逛了街
   B. 没空去逛街
   C. 可以逛一下上海繁华地带
5. A. 可以休息了 B. 没有事情可以做 C. 又要处理事情了
6. A. 哈利在途中喝了水
   B. 哈利喝了很多水
   C. 哈利的行程还没结束
7. A. 去北京给他一些资料
   B. 请人带给他一些资料
   C. 托人找一些研究资料
8. A. 努力去竞争 B. 别拼命工作 C. 竞争得太激烈不好
9. A. 不一样 B. 有差别 C. 相同
10. A. 307 号 B. 316 号 C. 206 号

二、听下列对话，选择正确答案 Listen to the conversations and choose the correct answers

1. A. 一种 B. 两种 C. 三种

2. A. 不太多 B. 没有去年多 C. 比去年多
3. A. 女的一定要吃药 B. 女的不需要吃药 C. 女的感冒更厉害了
4. A. 越来越有经验了 B. 经验不丰富 C. 不太想坚持做了
5. A. 送给芳子一份礼物 B. 给芳子带来了东西 C. 给芳子添了麻烦
6. A. 能学汉语就满足了 B. 只要有工作就行了 C. 能学好汉语就够了
7. A. 拼命工作的人 B. 没有精力的人 C. 能抽出时间的人
8. A. 她已经买了礼物 B. 她不知道芳子的生日 C. 她可能会忘了
9. A. 他想实现自己的梦想
   B. 现在他想来中国了
   C. 现在他在中国
10. A. 哈利向李阳 B. 哈利向丽莎 C. 李阳向丽莎

三、听下列课文，并做练习 Listen to the texts and do exercises

课文一　Text 1

练习　Exercise

（一）听两遍，选择正确答案 Listen twice and choose the correct answers

1. A. 两年 B. 三年 C. 三年半
2. A. 可以 B. 不能 C. 不知道
3. A. 说得很棒 B. 不太会说错 C. 发音不太好
4. A. 看报纸 B. 吃包子 C. 喜欢笑
5. A. 感到很兴奋 B. 感到很高兴 C. 感到有意思

(二) 再听一遍，回答问题　Listen again and answer the questions

1. 李阳认为丽莎的汉语说得怎么样？
2. 丽莎说自己是怎样学汉语的？
3. 丽莎刚学汉语时出过洋相吗？
4. 丽莎把"包子"说成了什么？
5. 大家听到丽莎说错时都怎么样了？

练习　Exercise

(一) 听两遍，辨别对错　Listen twice, then identify the right and the wrong statements

1. 王欣当导游已经有五年多了。　　(　)
2. 旅游市场的竞争比以前更激烈了。　(　)
3. 王欣的旅行社服务还不太周到。　　(　)
4. 王欣今天要带旅游团去旅游。　　(　)
5. 王欣今天要做出旅游的计划。　　(　)

(二) 再听一遍，回答问题　Listen again and answer the questions

1. 李阳认为王欣当导游的经验丰富吗？
2. 最近，王欣的旅行社生意怎么样？
3. 现在，旅游市场的情况有了什么变化？
4. 李阳认为旅行社应该怎样做？
5. 王欣今天要做什么事情？

第二十课

词语 Vocabulary

1.	补充	（动）	bǔchōng	to supplement, add	보충하다	補充する
2.	氧气	（名）	yǎngqì	oxygen	산소	酸素
3.	设备	（名）	shèbèi	equipment	설비	備え付ける
4.	污染	（动）	wūrǎn	to pollute	오염하다	汚染
5.	装	（动）	zhuāng	to install, equip	담다, 설치하다	身なり
6.	特殊	（形）	tèshū	special	특별하다	特殊な
7.	出现	（动）	chūxiàn	to appear	나타나다	現れる
8.	脑子	（名）	nǎozi	mind, head	머리	脳・頭
9.	意外	（形）	yìwài	unexpected	뜻밖이다	意外である
10.	醒	（动）	xǐng	to wake up	깨다	目覚める
11.	剩	（动）	shèng	be left (of), remain	남다	余る
12.	反映	（动）	fǎnyìng	to reflect	나타내다, 반영하다	反映する
13.	避免	（动）	bìmiǎn	to avoid	피하다, 면하다	避ける
14.	危险	（形）	wēixiǎn	dangerous	위험하다	危険
15.	整整	（副）	zhěngzhěng	exactly, fully	꼬박	まるまる
16.	陆续	（副）	lùxù	one after another	줄이다, 감소하다	続々と

17. 减轻 （动） jiǎnqīng	to alleviate, ease	줄이다, 감소하다	軽減する
18. 平均 （形） píngjūn	average	평균	平均
19. 海拔 （名） hǎibá	elevation	해발	海抜

一、听下列句子，选择正确答案　Listen to the sentences and choose the correct answers

1. A. 坐了很久的车　　B. 高原上氧气少　　C. 车上没有氧气
2. A. 特殊的设备　　　B. 装污染环境的设备　C. 处理污染的设备
3. A. 白天谈得太累了　B. 没有吃睡觉的药　　C. 还在想白天谈的事
4. A. 安全的问题　　　B. 意外的事情　　　　C. 旅游以外的事情
5. A. 从来没吃过　　　B. 在北京吃过一次　　C. 在这儿吃过一次
6. A. 七点　　　　　　B. 七点半　　　　　　C. 八点
7. A. 哈利睡的时间不长

   B. 哈利睡了好久

   C. 哈利睡了后不容易醒
8. A. 海很美　　　　　B. 花很多　　　　　　C. 地方很大
9. A. 刚开始去旅行社工作

   B. 对业务越来越了解了

   C. 打算慢慢熟悉业务
10. A. 历史片　　　　　B. 动作片　　　　　　C. 动画片

二、听下列对话，选择正确答案　Listen to the conversations and choose the correct answers

1. A. 男的腿受过伤　　B. 女的不让男的踢球　C. 男的不小心受了伤
2. A. 很难说　　　　　B. 非常美　　　　　　C. 不太美
3. A. 跟男的一起去爬山　B. 爬山并不危险　　　C. 自己不怕危险

4. A. 整理东西 B. 找车票 C. 准备上车
5. A. 不要去黄山 B. 不要欣赏风景 C. 爬山时要小心
6. A. 来不及研究资料 B. 来不及整理东西 C. 来不及上火车
7. A. 吃晚饭的时间 B. 明天的活动 C. 住在哪里
8. A. 下午四点 B. 下午三点 C. 下午两点
9. A. 王欣起来半天了 B. 王欣已经醒了 C. 王欣还在睡觉
10. A. 乘坐的航班 B. 取行李的地方 C. 自己的行李

三、听下列课文，并做练习 Listen to the texts and do exercises

课文一 Text 1

练习 Exercise

（一）听两遍，选择正确答案 Listen twice and choose the correct answers

1. A. 参加考试 B. 只是睡觉 C. 在找工作
2. A. 找工作 B. 去旅游 C. 准备考试
3. A. 当老师 B. 当经理 C. 当导游
4. A. 认识几个导游 B. 推荐工作 C. 联系旅游的事
5. A. 不一定 B. 肯定会 C. 不可能

（二）再听一遍，回答问题 Listen again and answer the questions

1. 黄英为什么会很疲劳？
2. 黄英的同学都在陆续做什么了？
3. 李阳为什么建议黄英当导游？
4. 李阳可以向谁推荐黄英？
5. 黄英今天会做什么？

课文二　Text 2

练习　Exercise

（一）听两遍，辨别对错　Listen twice, then identify the right and the wrong statements

1. 丽莎已经动不了了。　　　　　（　　）
2. 哈利有一些高原反应。　　　　（　　）
3. 哈利让丽莎去补充一些氧气。　（　　）
4. 丽莎的高原反应已经减轻了。　（　　）
5. 下火车后跑和跳都是危险的。　（　　）

（二）再听一遍，回答问题　Listen again and answer the questions

1. 丽莎累得怎么样了？
2. 丽莎为什么会觉得难受？
3. 哈利让丽莎去做什么？
4. 刚到西藏的人应该注意什么？
5. 西藏的平均海拔是多少？

第二十一课

词语 Vocabulary

1.	无所谓	(动)	wúsuǒwèi	no matter	상관없다	どうでもいい
2.	没收	(动)	mòshōu	to confiscate, expropriate	몰수하다	没収する
3.	绝对	(形)	juéduì	absolute	절대적이다	絶対に
4.	头脑	(名)	tóunǎo	brain, mind	두뇌	頭脳
5.	距离	(名)	jùlí	distance	거리	距離
6.	闷热	(形)	mēnrè	hot and stuffy	무덥다	蒸し暑い
7.	气温	(名)	qìwēn	air temperature	기온	気温
8.	倒霉	(形)	dǎoméi	have bad luck	재수없다	運が悪い
9.	积极	(形)	jījí	active, energetic	적극적이다	積極的である
10.	民族	(名)	mínzú	nation	민족	民族
11.	歌曲	(名)	gēqǔ	song	노래, 가요	曲
12.	录	(动)	lù	to record	녹음하다	記録する
13.	磁带	(名)	cídài	tape	테이프	テープ
14.	模仿	(动)	mófǎng	to imitate, copy, mimic	모방하다, 본받다	模倣する
15.	冰棍	(名)	bīnggùn	rice-lolly	얼음과자	アイスキャンデー

第二十一课

一、听下列句子，选择正确答案 Listen to the sentences and choose the correct answers

1. A. 考试结束了　　　B. 可以轻松了　　　C. 现在还不能休息
2. A. 考试前不玩电脑游戏
   B. 考试后再玩电脑游戏
   C. 不玩电脑游戏了
3. A. 得奖不是最重要的
   B. 一定要得奖
   C. 不参加也没关系
4. A. 下雨后不热烈了　　B. 一直很热烈　　C. 下雨后更加热烈
5. A. 他的运气太差
   B. 他不应该带着小刀
   C. 他的小刀不该被没收
6. A. 离学校很远
   B. 买东西的学生不多
   C. 离学校的距离很近
7. A. 机场有安全检查　　B. 石头应该放在哪儿　　C. 石头不能带
8. A. 没有力气了　　　　B. 还走得动　　　　　　C. 能再出去玩儿
9. A. 哈利有两个箱子　　B. 哈利拿了别人的箱子　C. 哈利不想拿箱子
10. A. 买烤鸭　　　　　 B. 开窗　　　　　　　　C. 出一点汗

二、听下列对话，选择正确答案 Listen to the conversations and choose the correct answers

1. A. 气温非常高　　B. 让人难受　　　　C. 不太闷热
2. A. 男的穿过了　　B. 男的送给别人了　C. 男的没有试过
3. A. 没有运气的人　B. 不怕麻烦的人　　C. 做事不小心的人
4. A. 王欣的　　　　B. 李阳的　　　　　C. 不知道

5. A. 去北京的时间　　B. 要去的地方　　C. 机票的价格
6. A. 唱得比王欣好　　B. 唱得没有王欣好　　C. 唱得比王欣差
7. A. 参加别的活动　　B. 参加这个活动　　C. 不参加这个活动
8. A. 比上课时间早　　B. 跟上课时间相同　　C. 比上课时间晚
9. A. 时间过得很快　　B. 路上用的时间很长　　C. 非常疲劳
10. A. 只要便宜就买　　B. 知道价钱就买　　C. 先看价钱再决定

三、听下列课文，并做练习　Listen to the texts and do exercises

课文一　Text 1

练习　Exercise

（一）听两遍，选择正确答案　Listen twice and choose the correct answers

1. A. 六点　　B. 六点半　　C. 七点
2. A. 跟她一起唱　　B. 把她唱的录下来　　C. 准备自己的节目
3. A. 唱歌　　B. 学鸟叫　　C. 杂技
4. A. 模仿鸟叫　　B. 杂技　　C. 中国民歌
5. A. 晚会开始时到　　B. 准时到　　C. 提前半小时到

（二）再听一遍，回答问题　Listen again and answer the questions

1. 丽莎为什么要感谢哈利的提醒？
2. "哪儿是六点啊！"是什么意思？
3. 丽莎要唱什么歌？
4. 哈利要表演的节目是什么？
5. 哈利为什么让丽莎六点半就到？

课文二　Text 2

练习　Exercise

(一) 听两遍，辨别对错　Listen twice, then identify the right and the wrong statements

1. 丽莎在回来的路上遇到了倒霉事。　(　)
2. 汽车刚开，空调就坏了。　(　)
3. 丽莎回来的那天非常冷。　(　)
4. 哈利觉得丽莎的经历也很有意思。　(　)
5. 哈利也有过这样的经历。　(　)

(二) 再听一遍，回答问题　Listen again and answer the questions

1. 丽莎在回来的路上觉得怎么样？
2. 丽莎坐的车发生了什么问题？
3. 那天的气温怎么样？
4. 哈利认为丽莎遇到的事情怎么样？
5. 哈利也经历过这样的事吗？

第二十二课

词语 Vocabulary

1.	典礼	（名）	diǎnlǐ	ceremony, celebration	식	式典
2.	发言	（动）	fāyán	to speak	발언하다	発言する
3.	顾不上		gù bu shàng	has no time to think about	돌볼 틈이 없다	構っていられない
4.	购物	（动）	gòu wù	go shopping, purchase	쇼핑하다	買い物をする
5.	讨价还价		tǎo jià huán jià	to bargain, haggle	흥정하다	値段交渉をする
6.	算了	（动）	suànle	let it go at that	그만두다	やめにする
7.	首饰	（名）	shǒushì	woman's personal ornaments, jewelry	악세사리	アクセサリー
8.	羡慕	（动）	xiànmù	to admire, envy	부러워하다	羨ましがる
9.	奖学金	（名）	jiǎngxuéjīn	scholarship	장학금	奨学金
10.	鼓励	（动）	gǔlì	to encourage	격려하다	励ます
11.	染	（动）	rǎn	catch (a disease)	물들다	染める
12.	毛病	（名）	máobìng	illness	결점, 나쁜 버릇	病気, 壊れる

13. 落后	（动）	luò hòu	to fall behind	뒤떨어지다	遅れる
14. 牌	（名）	pái	brand	브랜드	商標
15. 按键	（名）	ànjiàn	push button	설명하다	キーを押す
16. 型	（名）	xíng	type, pattern, model	형	型タイプ
17. 帽子	（名）	màozi	hat	모자	帽子
18. 围巾	（名）	wéijīn	muffler	목도리	マフラー

一、听下列句子，选择正确答案 Listen to the sentences and choose the correct answers

1. A. 他参加了开学典礼
   B. 他代表留学生发了言
   C. 大家祝他心情好

2. A. 准备考试   B. 计划去旅行   C. 考虑回国的事

3. A. 女孩子很爱美   B. 女孩子很漂亮   C. 女孩子心情常常不好

4. A. 丽莎也喜欢购物
   B. 芳子不会说中文
   C. 丽莎买东西能便宜些

5. A. 她的钱很多   B. 她很会花钱   C. 她的钱快花完了

6. A. 再找黄佳佳   B. 关手机   C. 给黄佳佳拍照

7. A. 中国   B. 韩国   C. 美国

8. A. 她自己找到的   B. 朋友们帮她找到的 C. 在家里找到的

9. A. 他不用手机了   B. 他的手机不常开   C. 他的手机应该关机

10. A. 他顾不上那件事情了
    B. 他已经处理完了事情
    C. 他现在没有时间聊天

二、听下列对话，选择正确答案 Listen to the conversations and choose the correct answers

1. A. 自己学习的情况
   B. 鼓励男的话
   C. 自己拿到奖学金的事

2. A. 帮男的忙　　　　B. 打电话　　　　C. 让男的晚点儿来

3. A. 教室里　　　　　B. 办公室里　　　　C. 宿舍里

4. A. 不抽烟　　　　　B. 抽烟　　　　　　C. 生病时不抽

5. A. 她根本不会唱歌　B. 她没听过中国民歌　C. 她不肯唱任何歌

6. A. 天气热的时候　　B. 海水冷的时候　　C. 处理事情的时候

7. A. 书　　　　　　　B. 日用品　　　　　C. 工艺品

8. A. 不说话　　　　　B. 很积极地唱　　　C. 不唱歌

9. A. 三星牌857型的　 B. 三星牌605型的　 C. 按键是白色的

10. A. 再看一下样式　　B. 先看了再买　　　C. 不买这件首饰

三、听下列课文，并做练习 Listen to the texts and do exercises

课文一　Text 1

练习 Exercise

（一）听两遍，选择正确答案 Listen twice and choose the correct answers

1. 芳子一个人在找哈利。　　　　　　（　　）
2. 哈利不知道自己手机关机了。　　　（　　）
3. 现在他们不知道丽莎在哪儿。　　　（　　）

4. 他们十分钟后会在超市门口见面。　　（　　）

5. 芳子下次不带哈利一起逛超市了。　　（　　）

（二）再听一遍，回答问题　Listen again and answer the questions

1. 芳子和丽莎以为哈利怎么了？

2. 哈利为什么没有接电话？

3. 芳子和丽莎约好在哪里见面？

4. 芳子见到哈利时生气了吗？

5. 最后芳子原谅哈利了吗？

课文二　Text 2

练习　Exercise

（一）听两遍，选择正确答案　Listen twice and choose the correct answers

1. 李先生的太太在找什么？

　　A. 帽子和围巾　　　　B. 柜子　　　　　　C. 衣服

2. 李先生的太太要找的帽子是什么颜色？

　　A. 白色　　　　　　　B. 黄色　　　　　　C. 红色

3. 现在是什么季节？

　　A. 春天　　　　　　　B. 夏天　　　　　　C. 秋天

4. 李先生的太太要找的帽子和围巾在谁那儿？

　　A. 李先生以前的女朋友　B. 李先生的太太　　C. 李先生

5. 李先生是个怎么样的人？

　　A. 马虎　　　　　　　B. 幽默　　　　　　C. 好生气

(二) 再听一遍，回答问题　Listen again and answer the questions

1. 帽子和围巾是谁买的？
2. 李先生的太太以为帽子和围巾在哪儿？
3. 李先生的太太是个怎么样的人？
4. 李先生的太太为什么生气？
5. 帽子和围巾在哪儿？

第二十三课

词语 Vocabulary

1.	暴雨	（名）	bàoyǔ	torrential rain, rainstorm	폭우	豪雨
2.	取消	（动）	qǔxiāo	to cancel	취소하다	取り消す
3.	接触	（动）	jiēchù	to come into contact with	접촉하다	触る
4.	失望	（形）	shīwàng	be disappointed	실망하다	失望する
5.	符合	（动）	fúhé	to be in line with	부합하다, 일치하다	一致する
6.	开朗	（形）	kāilǎng	optimistic	명랑하다	明るい
7.	活泼	（形）	huópō	lively, vivacious	활발하다	活発である
8.	恢复	（动）	huīfù	to recover, regain	원임회복하다	回復する
9.	重新	（副）	chóngxīn	again, anew, afresh	다시	再び
10.	可靠	（形）	kěkào	reliable	믿음직하다	頼りになる
11.	投诉	（动）	tóusù	to appeal	신고하다	訴え出る
12.	善于	（动）	shànyú	to be good at	…에 능숙하다	…が上手である

13. 交流	（动）	jiāoliú	to exchange	교류하다	交流する
14. 一致	（形）	yízhì	consistent	일치하다	同じ
15. 签	（动）	qiān	to sign	사인하다	サインする
16. 效率	（名）	xiàolǜ	efficiency	효율, 능률	効率
17. 降低	（动）	jiàngdī	to reduce	줄이다	下がる
18. 转告	（动）	zhuǎngào	to pass on a message (to sb)	전달하다	伝言する
19. 报道	（名）	bàodào	news reporting	보도	報道する

一、听下列句子，选择正确答案 Listen to the sentences and choose the correct answers

1. A. 没买到机票　　B. 飞机不能起飞　　C. 突然有了别的事
2. A. 身体不好　　B. 没接触过这个工作　　C. 不喜欢做这个工作
3. A. 杭州　　B. 苏州　　C. 上海
4. A. 没去成那个影视城
   B. 那个影视城的规模不大
   C. 那个影视城不热闹
5. A. 行程安排能满足她的要求
   B. 她没有考虑过行程问题
   C. 她自己不会安排行程
6. A. 不开朗　　B. 不活泼　　C. 不愉快
7. A. 飞机有危险　　B. 上海下暴雨　　C. 航班会取消
8. A. 旅途的疲劳　　B. 旅途中唱的歌　　C. 旅途中的事
9. A. 生病了　　B. 在定计划　　C. 要去旅游
10. A. 他没参加考试
    B. 他的考试成绩不好
    C. 他对自己的成绩不满意

二、听下列对话，选择正确答案　Listen to the conversations and choose the correct answers

1. A. 不可靠　　　　　　B. 不能相信　　　　　C. 肯定可靠
2. A. 正好六年　　　　　B. 还不到六年　　　　C. 六年多了
3. A. 他能受到顾客欢迎　B. 他称赞了顾客　　　C. 他想跟顾客交流
4. A. 不会签合同　　　　B. 办事效率高　　　　C. 处理事情太慢
5. A. 非常满足　　　　　B. 还不满意　　　　　C. 完全不行
6. A. 他要跟老板商量
   B. 旅行社跟他签了合同
   C. 费用便宜就去旅行
7. A. 去男的公司　　　　B. 让李阳去男的公司　C. 跟男的商量事情
8. A. 不轻松　　　　　　B. 很紧张　　　　　　C. 不紧张了
9. A. 今天　　　　　　　B. 十年前的今天　　　C. 十天前
10. A. 她很活泼　　　　　B. 很多人都喜欢她　　C. 男的认识她

三、听下列课文，并做练习　Listen to the texts and do exercises

课文一　Text 1

练习　Exercise

（一）听两遍，选择正确答案　Listen twice and choose the correct answers

1. A. 规模不小　　　　　B. 费用便宜　　　　　C. 非常可靠
2. A. 自己的电话号　　　B. 张海的名片　　　　C. 旅行社地址
3. A. 去张海的旅行社　　B. 给张海发 e-mail　　C. 给张海打电话
4. A. 任何时候　　　　　B. 去张海的旅行社时　C. 黄英跟张海联系后
5. A. 李阳的旅游费用　　B. 办事的效率　　　　C. 服务的质量

(二) 再听一遍，回答问题　Listen again and answer the questions

1. 李阳托黄英做什么？
2. 张海的旅行社怎么样？
3. 张海的名片上有什么？
4. 张海是个怎样的人？
5. 张海可能会主动做什么？

练习　Exercise

(一) 听两遍，辨别对错　Listen twice, then identify the right and the wrong statements

1. 哈利原定的计划取消了。　　　（　）
2. 哈利想看苏州的园林建筑。　　（　）
3. 哈利以前失去过去苏州的机会。（　）
4. 芳子想进一步提高口语能力。　（　）
5. 芳子觉得口语考试并不难。　　（　）

(二) 再听一遍，回答问题　Listen again and answer the questions

1. 哈利原定的计划是什么？
2. 哈利有过去苏州的机会吗？
3. 芳子为什么让哈利别失望？
4. 芳子最近的情况怎么样？
5. 哈利认为芳子用不着怎么样？

第二十四课

词语 Vocabulary

1.	调	（动）	tiáo	to shift	바꾸다	動かす
2.	晚点	（动）	wǎn diǎn	(of a plane, train, etc) to be late	지연되다	（定刻より）遅れる
3.	农民	（名）	nóngmín	peasant	농민	農民
4.	损失	（名）	sǔnshī	loss	손실	損失
5.	诚恳	（形）	chéngkěn	sincere	성실하다	心からの
6.	道歉	（动）	dào qiàn	to apologize	사과하다	謝る
7.	平静	（形）	píngjìng	calm	조용하다	静かである
8.	一时	（副）	yìshí	for a short time	일시, 한동안	とっさに
9.	浪费	（动）	làngfèi	to waste	낭비하다	無駄遣いをする
10.	估计	（动）	gūjì	to estimate	짐작하다	見積もる
11.	蜗牛	（名）	wōniú	snail	달팽이	カタツムリ
12.	严重	（形）	yánzhòng	serious	엄중하다	厳しい
13.	配合	（动）	pèihé	to coordinate	협력하다	力を合わせる
14.	一再	（副）	yízài	repeatedly	계속	何度も

15. 强烈	（形）	qiángliè	strong	강렬하다	強烈である
16. 发生	（动）	fāshēng	to happen	생기다, 발생하다	発生する
17. 故障	（名）	gùzhàng	something wrong	고장	故障する
18. 议论	（动）	yìlùn	to comment, talk, discuss	의논하다	話題にする
19. 责任	（名）	zérèn	responsibility	책임	責任
20. 采取	（动）	cǎiqǔ	to adopt	취하다	採用する

一、听下列句子，选择正确答案 Listen to the sentences and choose the correct answers

1. A. 星期一　　　　　B. 星期三　　　　　C. 星期四
2. A. 九点　　　　　　B. 十点一刻　　　　C. 十点三刻
3. A. 带来的损失很大　　B. 农民没有什么损失　C. 雨下得不太大
4. A. 考试时他很轻松　　B. 考试前他松了口气　C. 他可以顺利毕业了
5. A. 态度还不诚恳　　　B. 还在生小王的气　　C. 向小王道歉了
6. A. 别让飞机误点　　　B. 告诉旅客天气情况　C. 向旅客说明原因
7. A. 现在解决不了　　　B. 讨论后解决了　　　C. 一下子就能解决
8. A. 很惊喜　　　　　　B. 很失望　　　　　　C. 很满意
9. A. 他不理解学生
   B. 他发现学生不懂他说的
   C. 学生让他说得慢点儿
10. A. 这些菜没有吃完
    B. 吃这些菜太浪费了
    C. 没有必要点这么多菜

二、听下列对话，选择正确答案　Listen to the conversations and choose the correct answers

1. A. 题目比以前多　　　B. 难度比以前低　　　C. 题目又多又难
2. A. 不能降低价钱　　　B. 不能提高价钱　　　C. 要想办法多赚钱
3. A. 飞机还没修好　　　B. 男的觉得累了　　　C. 飞机不会起飞了
4. A. 可能有危险　　　　B. 会影响明天的工作　C. 对身体不好
5. A. 她坐的车不开了　　B. 她还在路上走　　　C. 路上堵车了
6. A. 听医生的治疗意见
   B. 立即去医院检查
   C. 配合自己给病人治病
7. A. 别去投诉了　　　　B. 应该让导游道歉　　C. 取消原定的计划
8. A. 飞机的故障排除了
   B. 他们12点能到宾馆
   C. 他们要坐另一架飞机
9. A. 老板没有道歉
   B. 饭店的服务质量太差
   C. 心里还没平静下来
10. A. 还是很激动　　　　B. 开始平静下来了　　C. 不怎么激动了

三、听下列课文，并做练习　Listen to the texts and do exercises

课文一　Text 1

练习　Exercise

（一）听两遍，选择正确答案　Listen twice and choose the correct answers

1. A. 下午四点　　　　　B. 早上八点　　　　　C. 晚上十点

2. A. 天气不好　　　　　B. 飞机出了毛病　　　　C. 飞机还没到机场

3. A. 告诉旅客天气情况

　　B. 认真检查飞机

　　C. 通知旅客飞机会晚点

4. A. 说这不是机场的责任

　　B. 让旅客住在宾馆里

　　C. 向旅客道了歉

5. A. 吃饭　　　　　　　B. 睡觉　　　　　　　　C. 洗澡

（二）再听一遍，回答问题　Listen again and answer the questions

1. 飞机发生了什么问题？

2. 旅客知道飞机要晚点后就怎样了？

3. 机场采取的处理方法是什么？

4. 丽莎是几点到宾馆的？

5. 丽莎到宾馆后洗澡了吗？

课文二　Text 2

练习　Exercise

（一）听两遍，辨别对错　Listen twice, then identify the right and the wrong statements

1. 黄佳佳计划寒假去外地旅游。　　　（　　）

2. 黄佳佳想去哈尔滨。　　　　　　　（　　）

3. 金大永建议黄佳佳坐飞机去海南。　（　　）

4. 坐火车去海南可以少花时间。　　　（　　）

5. 黄佳佳需要征求妈妈的意见。　　　（　　）

（二）再听一遍，回答问题　Listen again and answer the questions

1. 金大永为什么建议黄佳佳去哈尔滨？
2. 黄佳佳为什么不去哈尔滨旅行？
3. 金大永为什么建议黄佳佳坐飞机去海南？
4. 坐火车去海南要多长时间？
5. 为什么黄佳佳现在还不能去海南？

第二十五课

词语 Vocabulary

1. 无论	(连)	wúlùn	no matter	물론	…を問わず
2. 至少	(副)	zhìshǎo	at least	최소한	少なくとも
3. 千万	(副)	qiānwàn	used fo exhortation or friendly warning	천만에	どんなことがあっても
4. 充足	(形)	chōngzú	adequate	넉넉하다, 충족하다	充分である
5. 辛苦	(形)	xīnkǔ	hardworking	수고하다	苦労する
6. 资源	(名)	zīyuán	resources	자원	資源
7. 充分	(形)	chōngfèn	adequate	충분하다	十分
8. 查询	(动)	cháxún	to inquire about	문의하다, 조회하다	問いただす
9. 经济	(形)	jīngjì	economical	경제적이다	経済
10. 实惠	(形)	shíhuì	practical	실속있다	実益
11. 其余	(代)	qíyú	the rest	나머지	残り(のもの)
12. 难道	(副)	nándào	could it be that...	설마	まさか…ではあるまい

13. 究竟 （副） jiūjìng	on earth	도대체	結局
14. 倍 （量） bèi	times	배	倍
15. 超重 （动） chāozhòng	over weight	중량을 초과 하다	（荷物などが）規定の重さを超過する

一、听下列句子，选择正确答案 Listen to the sentences and choose the correct answers

1. A. 下雨就不参加聚会
   B. 不下雨就参加聚会
   C. 下大雨也要参加聚会

2. A. 不到 30 公斤　　B. 超过 30 公斤　　C. 比 30 公斤少

3. A. 买一千多块的礼物　B. 不要送给自己礼物　C. 别买一千块的礼物

4. A. 丽莎的衣服没有湿　B. 丽莎淋了雨　　C. 丽莎的衣服肯定湿了

5. A. 去一次南京路
   B. 留给自己充足的时间
   C. 别打的去南京路

6. A. 大永应该自己赚钱　B. 大永应该节省　　C. 大永不会浪费钱

7. A. 会太拥挤　　　　B. 浪费资源　　　　C. 经济实惠

8. A. 去机场问工作人员
   B. 用电脑上网查询
   C. 给芳子发 e-mail 问一下

9. A. 又有用又便宜　　B. 又好看又实惠　　C. 又好看又便宜

10. A. 买机票　　　　　B. 订宾馆　　　　　C. 别的事情

二、听下列对话，选择正确答案 Listen to the conversations and choose the correct answers

1. A. 学一年汉语　　　B. 认识这个汉字　　C. 多学习汉字

2. A. 肯定行　　　　　B. 肯定不行　　　　C. 不能肯定
3. A. 惊喜　　　　　　B. 吃惊　　　　　　C. 不满
4. A. 他只参加重要的会议
   B. 他今天来开会了
   C. 他从不参加会议
5. A. 应该辛苦赚钱　　B. 不能去偷钱　　　C. 要尽量少花钱
6. A. 帮男的拿行李　　B. 自己的腰受伤　　C. 只带很轻的行李
7. A. 女的现在就去日本
   B. 女的不想去留学
   C. 女的没忘她答应的话
8. A. 周末不能教　　　B. 不休息也要教　　C. 男的没有必要学
9. A. 疑问　　　　　　B. 吃惊　　　　　　C. 着急
10. A. 继续坚持修　　　B. 明天再修　　　　C. 睡好觉再修

三、听下列课文，并做练习　Listen to the texts and do exercises

课文一　Text 1

练习　Exercise

（一）听两遍，选择正确答案　Listen twice and choose the correct answers

1. A. 西宁　　　　　　B. 上海　　　　　　C. 西藏
2. A. 西藏的景点　　　B. 去西藏的路线　　C. 去西藏的航班
3. A. 可以少浪费时间
   B. 可以减轻高原反应
   C. 可以看看那儿的环境

4. A. 有生命危险　　　　B. 觉得很难受　　　C. 不适应那儿的环境

5. A. 没有危险就会去　　B. 有危险就不去　　C. 有没有危险都会去

（二）再听一遍，回答问题　Listen again and answer the questions

1. 丽莎今年夏天去了哪几个地方？
2. 哈利听说西藏是个怎样的地方？
3. 丽莎为什么认为最好从西宁换乘火车去拉萨？
4. 丽莎说什么情况下千万别去西藏？
5.哈利决定去西藏吗？

课文二　Text 2

练习　Exercise

（一）听两遍，辨别对错　Listen twice, then identify the right and the wrong statements

1. 王欣的胃不舒服是因为吃得太多了。　　（　　）
2. 大夫说王欣的病比较严重。　　　　　　（　　）
3. 李阳认为王欣不应该吃得太多。　　　　（　　）
4. 王欣的体重已经超重了。　　　　　　　（　　）
5. 王欣现在决定减肥了。　　　　　　　　（　　）

（二）再听一遍，回答问题　Listen again and answer the questions

1. 王欣的胃为什么会不舒服？
2. 李阳认为王欣能吃得太多吗？
3. 王欣为什么吃了很多东西呢？
4. 王欣现在的体重大概是多少？
5. 王欣对自己减肥有信心吗？

第二十六课

词语 Vocabulary

1.	充满	（动）	chōngmǎn	to be full of	가득하다	満たす
2.	好奇	（形）	hàoqí	be curious	궁금하다	物好きだ
3.	现象	（名）	xiànxiàng	phenomenon	현상	現象
4.	清淡	（形）	qīngdàn	light	담백하다	薄い、ほのかだ
5.	保持	（动）	bǎochí	to keep	유지하다	保持する
6.	促进	（动）	cùjìn	to advance	추진하다	促進する
7.	消化	（动）	xiāohuà	digest	소화시키다	消化する
8.	理由	（名）	lǐyóu	reason	이유	理由・口実
9.	油腻	（形）	yóunì	oily	느끼하다	油っこい
10.	行动	（名）	xíngdòng	action	동작	動作
11.	因素	（名）	yīnsù	element	요소	要素、要因
12.	愁	（动）	chóu	to worry about	걱정하다	心配する
13.	分析	（名）	fēnxī	analysis	분석하다	分析
14.	观察	（动）	guānchá	to observe	관찰하다	観察する
15.	速度	（名）	sùdù	speed	속도	速度

第二十六课

一、听下列句子，选择正确答案　Listen to the sentences and choose the correct answers

1. A. 感到奇怪　　　　B. 有兴趣了解　　　　C. 非常吃惊
2. A. 中国菜的油不多　B. 中国人胖的很多　　C. 中国人胖的不多
3. A. 学习　　　　　　B. 打扮　　　　　　　C. 逛街
4. A. 吃饭对消化好不好　B. 喝一点儿茶好不好　C. 喝茶对消化好不好
5. A. 不满意　　　　　B. 有道理　　　　　　C. 很好奇
6. A. 走楼梯　　　　　B. 多骑车　　　　　　C. 少吃油的东西
7. A. 常常运动　　　　B. 已有运动的行动　　C. 还是不运动
8. A. 价钱不贵　　　　B. 跟女朋友联系　　　C. 给朋友打电话
9. A. 自己还太胖　　　B. 自己太瘦了　　　　C. 自己瘦下来了
10. A. 有道理　　　　　B. 没有道理　　　　　C. 可以算是理由

二、听下列对话，选择正确答案　Listen to the conversations and choose the correct answers

1. A. 用完自己的力气　　B. 坚持锻炼　　　　　C. 别太用力
2. A. 男的吃饭时别客气　B. 该男的付钱　　　　C. 由她来付钱
3. A. 女的没吃菜　　　　B. 还有些菜没吃完　　C. 女的一直只是说话
4. A. 拿所有的行李　　　B. 帮女的拿几件行李　C. 只拿两件行李
5. A. 菜的味道很好

   B. 他不知道这个饭店怎么样

   C. 还剩下很多菜

6. A. 别吃太油的东西　　B. 考虑吃什么东西好　C. 分析变胖的原因
7. A. 女的表示好奇

   B. 女的称赞了男的

   C. 女的没有观察过芳子

8. A. 需要再增加一些　　B. 还有要补充的　　C. 现在没有什么意见
9. A. 订好结婚的时间　　B. 耐心地等　　　　C. 答应跟女朋友结婚
10. A. 请她喝咖啡　　　　B. 自己去喝咖啡　　C. 现在去买咖啡

三、听下列课文，并做练习　Listen to the texts and do exercises

课文一　Text 1

练习　Exercise

（一）听两遍，选择正确答案　Listen twice and choose the correct answers

1. A. 中国人胖的不多　　B. 中国菜油多的原因　C. 丽莎为什么不胖
2. A. 中国人不喜欢胖　　B. 喝茶可以减肥　　　C. 每个中国人都喝茶
3. A. 跟以前差不多　　　B. 比以前瘦了　　　　C. 现在胖了
4. A. 喝茶比赛　　　　　B. 体育比赛　　　　　C. 选美比赛
5. A. 身体好了以后　　　B. 会喝茶以后　　　　C. 瘦下来以后

（二）再听一遍，回答问题　Listen again and answer the questions

1. 丽莎认为喝茶有什么效果？
2. 丽莎觉得自己瘦了吗？
3. 哈利认为太瘦好不好？
4. 丽莎为什么认为瘦好呢？
5. 丽莎说"那就只好算了"的情况是什么？

课文二　Text 2

练习　Exercise

(一) 听两遍，辨别对错　Listen twice, then identify the right and the wrong statements

1. 李阳开得快是因为时间来不及了。　（　）
2. 王欣认为时间还来得及。　（　）
3. 王欣不相信李阳开车的水平。　（　）
4. 李阳认为王欣说话会影响他开车。　（　）
5. 后来李阳接受了王欣的意见。　（　）

(二) 再听一遍，回答问题　Listen again and answer the questions

1. 王欣认为即使来不及也要怎么样？
2. 王欣为什么让李阳别开得太快？
3. 李阳为什么让王欣少说一点儿？
4. 李阳后来为什么开得慢了？
5. 王欣让李阳保持什么？

第二十七课

词语 Vocabulary

1. 逐渐	（副）	zhújiàn	gradually	점점, 조금씩	だんだんと
2. 改变	（动）	gǎibiàn	to change	변하다	変更する
3. 看法	（名）	kànfǎ	view	견해, 생각	見方、見解
4. 意识	（动）	yìshí	to be aware of	의식하다	気づく
5. 错误	（名）	cuòwù	mistake	잘못	間違い
6. 催	（动）	cuī	to urge	재촉하다	催促する
7. 照常	（副）	zhàocháng	as usual	평소대로 하다	いつものように
8. 冻	（动）	dòng	to freeze	얼다	凍る
9. 直	（副）	zhí	continuously	계속	しきりに
10. 发抖	（动）	fādǒu	to tremble	떨다	震える
11. 任务	（名）	rènwu	mission	임무	任務
12. 糊涂	（形）	hútu	muddled	어리둥절하다	はっきりしない
13. 对待	（动）	duìdài	to treat	대하다	対処する
14. 保证	（动）	bǎozhèng	to guarantee	보증하다	保証する
15. 善良	（形）	shànliáng	kind-hearted	착하다	善良である
16. 偶尔	（副）	ǒuěr	occasionally	가끔, 간혹	たまに

第二十七课

一、听下列句子，选择正确答案　Listen to the sentences and choose the correct answers

1. A. 开始接触李阳了　　B. 改变了时李阳的看法　C. 逐渐喜欢李阳了
2. A. 他向芳子道歉了　　B. 他意识到自己错了　　C. 他还不认为自己错了
3. A. 他们是王欣的亲人　B. 王欣对他们很亲切　　C. 游客把她当做亲人
4. A. 妈妈很爱女儿　　　B. 妈妈感到脚疼　　　　C. 妈妈觉得不放心
5. A. 不急着完成作业　　B. 仍然不做作业　　　　C. 做完作业后再玩儿
6. A. 拿了一件衣服　　　B. 觉得非常冷　　　　　C. 怕得发抖
7. A. 自己开得很快　　　B. 自己可以学会开车　　C. 开得快不安全
8. A. 冲过去　　　　　　B. 停下来　　　　　　　C. 把车开过来
9. A. 他担心别人会咳嗽　B. 他意识到了不该抽烟　C. 他不想再抽了
10. A. 星期五晚上　　　　B. 星期六晚上　　　　　C. 星期天晚上

二、听下列对话，选择正确答案　Listen to the conversations and choose the correct answers

1. A. 男的是经理　　　　B. 应该由经理决定　　　C. 经理为什么还不走
2. A. 她不可以接电话　　B. 她不愿意接电话　　　C. 她没时间接电话
3. A. 她没去李阳家　　　B. 她没事先告诉李阳　　C. 李阳没收到她的短信
4. A. 一定会参加　　　　B. 有理由不参加　　　　C. 不参加也没关系
5. A. 他总是很糊涂　　　B. 一时没注意　　　　　C. 他常常会搞错
6. A. 安排别的飞机　　　B. 让旅客马上下飞机　　C. 要尽量让旅客满意
7. A. 比男的旅行社好　　B. 工作效率确实很高　　C. 工作效率比较低
8. A. 以后一定不迟到　　B. 不能保证不迟到　　　C. 这次没迟到
9. A. 不怕冷的人　　　　B. 有同情心的人　　　　C. 身体结实的人
10. A. 仍然抽烟　　　　　B. 保证不抽烟了　　　　C. 正在抽烟

三、听下列课文，并做练习 Listen to the texts and do exercises

课文一 Text 1

练习 Exercise

（一）听两遍，选择正确答案 Listen twice and choose the correct answers

1. A. 哈利的生日　　　　B. 丽莎的生日　　　　C. 金大永的生日
2. A. 价钱便宜的　　　　B. 清淡的　　　　　　C. 油腻的
3. A. 学校里的韩国餐厅　B. 学校附近的韩国饭店　C. 一个中国饭店
4. A. 菜太贵了　　　　　B. 又好又便宜　　　　C. 菜做得不精致
5. A. 这个周末前　　　　B. 下个星期一　　　　C. 临时再通知

（二）再听一遍，回答问题 Listen again and answer the questions

1. 哈利为什么说别去中国饭店？
2. 哈利选择去哪个饭店？
3. 丽莎为什么同意了哈利的选择？
4. 丽莎让哈利什么时候通知李阳？
5. 哈利一定会叫李阳来吗？

课文二 Text 2

练习 Exercise

（一）听两遍，辨别对错 Listen twice, then identify the right and the wrong statements

1. 李阳最近不太开心。　　　　　　　（　　）

2. 李阳工作时总是不仔细。　　　（　）

3. 王欣认为工作经验是最重要的。（　）

4. 王欣提醒李阳要避免出错。　　（　）

5. 老板改变了对李阳的看法。　　（　）

（二）再听一遍，回答问题　Listen again and answer the questions

1. 李阳最近的心情怎么样？
2. 老板为什么对李阳不满意？
3. 李阳承认有时候一忙就会怎么样？
4. 王欣认为李阳应该怎么做？
5. 李阳已经意识到了什么？

第二十八课

词语　Vocabulary

1.	区别	（名）	qūbié	difference	구별	区別する
2.	改进	（动）	gǎijìn	to improve	개선하다	改善する
3.	措施	（名）	cuòshī	measure	대책	措置
4.	处分	（动）	chǔfèn	to punish	처분하다	処分
5.	防止	（动）	fángzhǐ	to prevent	방지하다	防止する
6.	改善	（动）	gǎishàn	to make better	개선하다	改善する
7.	实行	（动）	shíxíng	to implement	실행하다	実行する
8.	严格	（形）	yángé	strict	엄격하다	厳格である
9.	管理	（动）	guǎnlǐ	to manage	관리하다	管理する
10.	关键	（名）	guānjiàn	key	관건	かなめ、キーポイント
11.	调查	（动）	diàochá	to investigate	조사하다	調査する
12.	范围	（名）	fànwéi	range	범위	範囲
13.	表扬	（动）	biǎoyáng	to praise	칭찬하다	表彰する
14.	部门	（名）	bùmén	department	부문	部門

第二十八课

一、听下列句子，选择正确答案 Listen to the sentences and choose the correct answers

1. A. 李阳要想办法解决　　B. 李阳已经处理好了　　C. 李阳没有经验
2. A. 这两种茶不同　　　　B. 这两种茶一样　　　　C. 这两种茶没区别
3. A. 顾客不满意　　　　　B. 已经有了改变　　　　C. 服务的质量提高了
4. A. 应该处分小李　　　　B. 小李被处分了　　　　C. 小李不会受到处分
5. A. 仍旧营业　　　　　　B. 不开门　　　　　　　C. 下午4点关门
6. A. 已经发生了事故　　　B. 要避免发生意外　　　C. 要提醒游客别爬山
7. A. 需要重视
   B. 与实际情况不符合
   C. 应该承认游客是对的
8. A. 要改变竞争方式　　　B. 要提高服务质量　　　C. 现在没有生意可做
9. A. 损失减少了　　　　　B. 管理很严格　　　　　C. 应该加强管理
10. A. 饮食方面　　　　　　B. 行程安排　　　　　　C. 住宿情况

二、听下列对话，选择正确答案 Listen to the conversations and choose the correct answers

1. A. 觉得很紧张　　　　　B. 觉得很难受　　　　　C. 觉得非常冷
2. A. 运气太差了　　　　　B. 太没头脑了　　　　　C. 实在太倒霉
3. A. 女的称赞了他　　　　B. 能参加这次表演　　　C. 表演得了奖
4. A. 规模扩大了　　　　　B. 学生增加了　　　　　C. 地方不比以前大
5. A. 防止有人坐空调车
   B. 避免空调车再坏
   C. 降低旅客投诉的比例
6. A. 服装的质量好　　　　B. 受到了处分　　　　　C. 调查了服装的质量
7. A. 行李摔坏了　　　　　B. 女的不赞成托运　　　C. 只托运重的行李

115

8. A. 不轻松　　　　　B. 不辛苦　　　　　C. 跟女的想象一样
9. A. 要打扮打扮　　　B. 要多做运动　　　C. 要加强营养
10. A. 要解决意外的事情
　　B. 要加强安全措施
　　C. 要带旅客去游览

三、听下列课文，并做练习　Listen to the texts and do exercises

课文一　Text 1

练习　Exercise

（一）听两遍，选择正确答案　Listen twice and choose the correct answers

1. A. 去哪儿旅游的想法　B. 去不去北京的想法　C. 怎么去北京的想法
2. A. 坐飞机　　　　　　B. 坐火车　　　　　　C. 坐火车和飞机
3. A. 跟以前没有区别　　B. 有了改进　　　　　C. 没有改善
4. A. 火车比飞机慢　　　B. 飞机的票价贵　　　C. 火车的速度提高了
5. A. 比以前贵　　　　　B. 比以前便宜　　　　C. 跟以前相同

（二）再听一遍，回答问题　Listen again and answer the questions

1. 李阳为什么建议芳子坐火车去北京？
2. 为什么现在火车上的服务质量有了改善？
3. 现在坐火车去北京也不慢的原因是什么？
4. 现在去北京的火车票价钱有改变吗？
5. 最后芳子为什么选择坐火车去北京？

课文二　Text 2

练习　Exercise

(一) 听两遍，辨别对错　Listen twice, then identify the right and the wrong statements

1. 课文中说的事情发生在冬天。　　　（　　）
2. 老伯伯走路时没意识到会有危险。　（　　）
3. 汽车撞到了老伯伯。　　　　　　　（　　）
4. 小姑娘的行动避免了事故的发生。　（　　）
5. 那天"我"也遇到了危险。　　　　　（　　）

(二) 再听一遍，回答问题　Listen again and answer the questions

1. 老伯伯走路时没有注意到什么？
2. 小姑娘在老伯伯遇到危险时是怎么做的？
3. 那时候"我"在哪里？
4. "我"在老伯伯遇到危险时采取了行动吗？
5. "我"在事情发生后意识到了什么？

第二十九课

词语 Vocabulary

1.	逗	（动）	dòu	to amuse	놀리다	からかう
2.	最终	（形）	zuìzhōng	final	최후, 마지막	最終の
3.	结论	（名）	jiélùn	conclusion	결론	結論
4.	邻居	（名）	línjū	neighbor	이웃	隣近所
5.	反复	（副）	fǎnfù	repeatedly	반복	繰り返し
6.	故意	（副）	gùyì	on purpose	고의로, 일부러	故意に
7.	动手	（动）	dòng shǒu	to commence	시작하다	開始する
8.	答案	（名）	dá'àn	answer	답	答え
9.	严肃	（形）	yánsù	solemn	엄숙하다	厳粛である
10.	打扰	（动）	dǎrǎo	to disturb	폐를 끼치다	邪魔をする
11.	滚	（动）	gǔn	to roll	뒹굴다, 구르다	転がる
12.	移动	（动）	yídòng	to move	움직이다	移動する
13.	克服	（动）	kèfú	to overcome	극복하다	克服する
14.	成立	（动）	chénglì	to establish	세우다	成り立つ
15.	从而	（连）	cóngér	thereby	따라서	したがって
16.	扩大	（动）	kuòdà	to expand	확대하다	拡大する

一、听下列句子，选择正确答案　Listen to the sentences and choose the correct answers

1. A. 自己的女朋友很漂亮
   B. 自己没有女朋友
   C. 自己的女朋友不漂亮
2. A. 他没办法回答　　B. 他要想一下　　C. 他知道这件事
3. A. 可以确定是对的　B. 肯定是没道理的　C. 要研究后才能确定
4. A. 很好奇　　　　　B. 很激动　　　　　C. 很烦恼
5. A. 已经研究出来了　B. 还没有结论　　　C. 不用研究了
6. A. 可能是忘了　　　B. 可能是故意不来　C. 可能不愿意参加排练
7. A. 让别人告诉自己　B. 马上去看资料　　C. 请别人给自己资料
8. A. 要参加考试了　　B. 他们都怕唐老师　C. 考试考得不好
9. A. 遗憾　　　　　　B. 道歉　　　　　　C. 提醒
10. A. 这个球自己往上移动
    B. 这个球是会滚的
    C. 这个球会往下滚

二、听下列对话，选择正确答案　Listen to the conversations and choose the correct answers

1. A. 她要去问别人　　B. 她答不上来　　　C. 她会问哈利
2. A. 实在不可理解　　B. 男的是在开玩笑　C. 不能不算是理由
3. A. 已经有改善了
   B. 不容易一下子解决
   C. 因为复杂而无法改善
4. A. 上午 10 点　　　B. 下午 1 点　　　　C. 下午 2 点
5. A. 地理知识比女的多
   B. 有信心学习别的知识
   C. 能答得上女的问题

6. A. 从事汽车表演
   B. 模仿他看到的惊险动作
   C. 专门看汽车表演

7. A. 要去听音乐会　　B. 要照顾隔壁的小孩　　C. 有事要出去

8. A. 要道歉的原因　　B. 道歉时的态度　　C. 什么是诚恳的态度

9. A. 调查情况　　　　B. 分析原因　　　　　C. 研究方法

10. A. 检查污染的情况　B. 请管理部门来检查　C. 解决设备的问题

三、听下列课文，并做练习　Listen to the texts and do exercises

课文一　Text 1

练习　Exercise

（一）听两遍，选择正确答案　Listen twice and choose the correct answers

1. 唐老师对学生的要求很严格。　　（　　）
2. 丽莎觉得唐老师是个幽默的人。　（　　）
3. 唐老师从来不会严肃地对待学生。（　　）
4. 丽莎很善于跟同学交流。　　　　（　　）
5. 丽莎决定要克服一切困难。　　　（　　）

（二）再听一遍，回答问题　Listen again and answer the questions

1. 唐老师上课的时候是怎样的？
2. 什么时候唐老师会很严肃？
3. 丽莎觉得上唐老师的课怎么样？
4. 为了教好学生，唐老师是怎样做的？
5. 丽莎的决定是什么？

120

课文二　Text 2

练习　Exercise

(一) 听两遍，选择正确答案　Listen twice and choose the correct answers

1. A. 领导的水平　　B. 导游的水平　　C. 服务的水平
2. A. 游客对导游很满意　B. 管理上很严格　C. 常常调查服务业的情况
3. A. 导游的情况　　B. 游客的规模　　C. 需要改进的措施
4. A. 避免再出现同样的问题
   B. 游客的意见都是符合实际的
   C. 他们要研究解决的方法
5. A. 扩大旅行社的规模
   B. 能实行严格的管理
   C. 对旅游情况进行调查

(二) 再听一遍，回答问题　Listen again and answer the questions

1. "佳佳旅行社"从成立开始就认识到了什么？
2. 旅行社的领导一直实行怎样的管理？
3. 他们对旅游情况的调查包括哪些方面？
4. 他们是怎样对待游客意见的？
5. 他们将来的目标是什么？

第三十课

词语 Vocabulary

1. 力所能及		lì suǒ néng jí	in one's power	자기의 능력으로 해 낼 수 있다	能力に相応する
2. 长期	（名）	chángqī	long term	장기	長期
3. 补课	（动）	bǔ kè	to make up a missed lesson	보충수업을 하다	補講する
4. 欢送	（动）	huānsòng	to see off	환송하다	歓送する
5. 挨	（动）	āi	to snuggle	바꾸다	寄り添う
6. 活跃	（形）	huóyuè	vigorous	(분위기가) 활발하고 뜨겁다	活発である
7. 翻译	（名）	fānyì	translator	번역	翻訳
8. 建立	（动）	jiànlì	to set up	건립하다	建設する
9. 深厚	（形）	shēnhòu	deep	깊다	(感情が) 深い
10. 感情	（名）	gǎnqíng	emotion; feeling	감정	感情
11. 贸易	（名）	màoyì	trade	무역	貿易
12. 擦	（动）	cā	to wipe	닦다	擦る

第三十课

一、听下列句子，选择正确答案 Listen to the sentences and choose the correct answers

1. A. 有力气帮李阳做事　　B. 可以让李阳说话　　C. 愿意帮李阳的忙
2. A. 比较多　　　　　　　B. 很少　　　　　　　C. 不算少
3. A. 他已经忘了学的英语
   B. 他还记得几句英语
   C. 他学英语学了很久
4. A. 马上住院　　　　　　B. 在医院等芳子来　　C. 给芳子补课
5. A. 她要跟同学分别了　　B. 她马上要回国了　　C. 她觉得很伤心
6. A. 忘了集合的时间
   B. 还记得八点集合
   C. 没提醒王欣几点集合
7. A. 一直站着　　　　　　B. 讨厌她站在旁边　　C. 站得离她很近
8. A. 自己可以研究　　　　B. 自己没有能力研究　C. 想尽量进行研究
9. A. 欢送会还没开始　　　B. 气氛比较活跃　　　C. 没有什么人说话
10. A. 自己不是翻译　　　　B. 那儿没人会说法语　C. 自己不懂法语

二、听下列对话，选择正确答案 Listen to the conversations and choose the correct answers

1. A. 忘了女的名字　　　　B. 自己有点儿糊涂　　C. 可以说出女的姓什么
2. A. 一直不用会坏　　　　B. 男的一直用了一年多　C. 女的用了一下
3. A. 她的同学都走了
   B. 男的对她没有感情
   C. 要跟同学们分别了
4. A. 帮女的整理行李　　　B. 不能催女的　　　　C. 催女的快点儿走
5. A. 只能拒绝　　　　　　B. 可以接受　　　　　C. 尽量去做
6. A. 南方会下大雪　　　　B. 没有充足的时间　　C. 航班被取消

123

7. A. 不喜欢看电视　　　B. 要去公司翻译资料　　C. 要让眼睛休息一下
8. A. 一直都很活跃　　　B. 后来不活跃了　　　　C. 后来才逐渐活跃起来
9. A. 擦自己的桌子　　　B. 擦旁边的桌子　　　　C. 故意擦女的桌子
10. A. 水资源很丰富　　　B. 有很多宝贵的东西　　C. 没有人浪费

三、听下列课文，并做练习　Listen to the texts and do exercises

课文一　Text 1

练习　Exercise

（一）听两遍，选择正确答案　Listen twice and choose the correct answers

1. A. 她生病了　　　　　B. 她睡觉睡得太少　　　C. 她觉得很烦恼
2. A. 来不及处理业务　　B. 喜欢拼命地工作　　　C. 觉得不能浪费时间
3. A. 黄英熟悉的　　　　B. 贸易方面的　　　　　C. 事情不太多的
4. A. 没有意义　　　　　B. 很有意思　　　　　　C. 比较省事
5. A. 有能力做这个工作
   B. 注意自己的身体
   C. 找到符合自己兴趣的工作

（二）再听一遍，回答问题　Listen again and answer the questions

1. 李阳认为黄英每天应该睡多长时间？
2. 黄英的老板每天都怎么样？
3. 现在黄英还不熟悉业务的原因是什么？
4. 黄英的决心是什么？
5. 李阳让黄英别顾不上什么？

课文二　Text 2

练习　Exercise

(一) 听两遍，选择正确答案　Listen twice and choose the correct answers

1. A. 丽莎遇到了难过的事
   B. 丽莎要离开哈利了
   C. 哈利要跟丽莎分手
2. A. 还不算深厚　　　B. 谁也说不清楚　　　C. 已经建立起来了
3. A. 喜欢接触女同学的人
   B. 性格很活跃的人
   C. 对别人没有感情的人
4. A. 丽莎为什么伤心
   B. 李阳为什么不安慰丽莎
   C. 哈利为什么跟丽莎分手
5. A. 没有必要伤心　　　B. 保持跟哈利的关系　　　C. 应该好好安慰丽莎

(二) 再听一遍，回答问题　Listen again and answer the questions

1. 丽莎为什么会擦眼泪？
2. 李阳认为丽莎和哈利应该有感情吗？
3. 王欣知道哈利要跟丽莎分手的原因吗？
4. 李阳会去安慰丽莎吗？
5. 李阳认为丽莎应该怎么样？

生词总表

A

挨	30
安静	5
按	6
按键	22
按时	15
按照	4

B

白	17
保持	26
保存	3
保护	3
保留	4
保证	27
报道	23
报名	6
暴雨	23
倍	25
被子	13
本地	8
本来	12
毕业	6
避免	20
边境	3
鞭炮	5

变	2
标准	11
表扬	28
冰棍	21
薄	4
补充	20
补课	30
不得不	18
不论	11
部门	28

C

擦	30
采取	24
餐桌	6
曾经	12
插	6
查	17
查询	25
差别	8
拆	3
长期	30
超过	18
超重	25
吵	10
炒	7

车厢	13
趁	16
称赞	6
成立	29
成熟	13
诚恳	24
诚实	11
乘坐	1
尺寸	9
充分	25
充满	26
充足	25
重新	23
冲	2
抽	19
愁	26
出现	20
出洋相	4
除夕	5
处分	28
处理	19
春节	5
磁带	21
从此	13
从而	29
促进	26

催	27
措施	28
错误	27

D

答案	29
答应	12
打扰	29
代表	4
单位	5
倒霉	21
到底	11
道	7
道歉	24
得意	6
等于	17
低	18
的确	10
地带	19
地理	8
地区	3
典礼	22
电梯	6
调查	28
动人	2
动手	29

生词总表

冻	27	服装	9	管理	28	激烈	19
逗	29	符合	23	光	17	即使……	
对待	27	幅	11	规模	17	也……	41
对话	9	付	19	滚	29	集中	8
		富	7	果然	19	记得	16
				果园	13	纪念	11
E				过程	3	既然	12
而	10	**G**				既……	
		改变	27			又……	12
F		改进	28	**H**		加强	15
发抖	27	改善	28	海拔	21	家具	10
发生	24	干	18	海边	1	坚持	2
发言	22	赶	3	害	11	减肥	10
翻译	30	敢	8	毫无	16	减轻	21
烦恼	12	感情	30	好奇	26	减少	17
繁华	19	感受	3	合影	15	建立	30
反复	29	高原	18	后悔	15	渐渐	10
反应	18	歌曲	21	糊涂	27	讲究	4
反映	20	格外	6	花瓶	6	奖	17
范围	28	隔壁	19	画	11	奖学金	22
防止	28	更加	9	欢送	30	降低	23
房屋	10	工程	3	恢复	23	交流	23
访问	16	购物	22	回忆	11	交通	18
放弃	2	估计	24	荤	7	接触	23
非……不可	16	鼓励	22	活泼	23	接待	6
费用	10	鼓掌	9	活跃	30	接近	13
分散	8	故意	29			节日	5
分手	12	故障	24	**J**		节省	17
分析	26	顾不上	22	积极	21	结论	29
丰富	7	关键	28	基本	15	解决	18
风俗	11	观察	26	激动	1		

127

解释	14	哭	12	帽子	22	偏	8
紧张	1	扩大	29	美好	11	平静	24
尽量	15			闷热	21	平均	21
尽	18	**L**		梦想	19		
经过	1	来不及	14	面积	10	**Q**	
经济	25	来得及	14	民族	21	期间	5
经历	9	浪费	24	模仿	21	其余	25
经验	19	老	18	没收	21	旗袍	9
惊险	8	理由	26			起飞	1
精力	19	力气	2	**N**		起来	4
精致	11	力所能及	30	奶酪	14	气氛	6
警察	2	联欢	6	耐心	5	气温	21
竞争	19	联系	1	难道	25	千万	25
镜子	9	脸色	14	脑子	20	签	23
究竟	25	量	9	闹钟	14	前台	18
拒绝	14	邻居	29	年夜饭	5	强烈	24
具备	10	临时	17	农民	24	亲戚	9
距离	21	铃	6	浓	9	亲切	6
聚	5	陆续	20			亲自	9
绝对	21	录	21	**O**		清淡	26
		路线	16	偶尔	27	区别	28
K		旅途	1			取消	23
开放	8	轮到	5	**P**		缺乏	15
开朗	23	落后	22	排队	4		
看法	27			排练	7	**R**	
可靠	23	**M**		牌	22	染	22
可惜	15	满足	19	派	2	热带	1
克服	29	毛病	22	配合	24	人物	7
恐怕	16	贸易	30	疲劳	18	任务	27

生词总表

仍然	3	受	13	头脑	21	现场	8
		熟悉	10	投	10	现象	26
S		暑假	1	投诉	23	羡慕	22
		水平	15	吐	4	香肠	14
沙滩	2	说不定	14	团聚	5	享受	1
晒	1	似乎	4	推荐	16	想象	15
闪光灯	8	素	7	托	19	项目	5
善良	27	速度	26			消化	26
善于	23	算	4	**W**		小偷	2
伤	13	算了	22	外地	5	小心	4
伤心	12	随便	16	完好	3	笑话	13
商业	4	随时	17	晚点	24	效果	8
稍微	14	损失	24	往往	12	效率	23
设备	20			危险	20	辛苦	25
深厚	30	**T**		围巾	22	信心	15
深刻	8	毯子	13	卫生	17	兴奋	9
甚至	13	逃	2	温暖	1	行程	19
生意	5	讨价还价	22	闻	1	行动	26
胜利	2	讨厌	18	蜗牛	24	形成	11
剩	20	特殊	20	卧铺	13	型	22
失去	15	提供	6	污染	20	醒	20
失望	23	提醒	19	无边无际	3	性格	13
实惠	25	题目	7	无论	25	胸	13
实现	3	添	16	无所谓	21	雄伟	3
实行	28	调	24			选择	5
市场	19	挑	16	**X**			
事先	17	条件	1	吸引	9	**Y**	
适应	1	同情	12	显得	10	严格	28
收	8	痛	13	显然	14	严肃	29
首饰	22						

严重	24	营养	15	增加	14	周围	10
研究	19	影响	8	炸	7	逐渐	27
眼前	2	永远	18	招待	7	主动	6
阳光	1	优秀	17	招呼	7	主张	17
氧气	20	幽默	13	着迷	17	住宿	14
样式	9	悠久	11	照	9	住宅	11
腰	7	油腻	26	照常	27	注意力	8
业务	17	有的是	16	镇	11	专门	9
一般	4	与其……		征求	18	转告	23
一时	24	不如……	12	睁	8	装	20
一下子	1	园林	4	整整	20	状态	15
一再	24	原来	4	之间	3	撞	12
一致	23	愿望	3	知识	4	追	2
移动	29	越来越	12	直	27	准时	16
遗憾	15	允许	14	直	7	资料	17
以为	4	运动员	13	职业	13	资源	25
议论	24	晕车	14	至今	3	租	10
意识	27			至少	25	最终	29
意外	20	**Z**		中介	10	作用	16
因素	26	暂时	18	终点	2	做客	7
印象	8	赞成	17	终于	2		
应当	12	糟糕	18	重视	12		
迎接	5	责任	24	周到	18		

北大版对外汉语教材·基础教程系列

风光汉语
初级听力 II

听力文本与参考答案

丛书主编　齐沪扬　张新明
主　　编　张新明

张新明　王小平　张　黎　李思旭　　编著
袁　丹　易查方　左世亮

目 录

第 一 课	1
第 二 课	7
第 三 课	13
第 四 课	20
第 五 课	26
第 六 课	33
第 七 课	40
第 八 课	46
第 九 课	52
第 十 课	58
第 十 一 课	64
第 十 二 课	71
第 十 三 课	78
第 十 四 课	84
第 十 五 课	90
第 十 六 课	96
第 十 七 课	102
第 十 八 课	108
第 十 九 课	114
第 二 十 课	120
第 二 十 一 课	126
第 二 十 二 课	132

第二十三课	138
第二十四课	144
第二十五课	150
第二十六课	156
第二十七课	162
第二十八课	168
第二十九课	174
第 三 十 课	180

第一课

一、听下列句子，选择正确答案

1. 李阳，你先从北京坐飞机来我们上海，然后再跟我一起坐火车去杭州吧。

   问：说话人怎么去杭州？

   A. 坐飞机　　　　B. 坐火车　　　　C. 坐火车和飞机　　答案：B

2. 哈利，别吃那些水果了，快跟我一起下海吧！

   问：说话人让哈利做什么？

   A. 看大海　　　　B. 吃水果　　　　C. 去游泳　　　　答案：C

3. 夏天去青岛的人特别多，您那时去，机票怎么会不紧张呢？

   问：夏天去青岛会怎么样？

   A. 让人感到紧张　B. 机票容易买　　C. 很难买到飞机票　答案：C

4. 丽莎，如果你要去上海的大学学习，那可得提前订好学校的宿舍。

   问：丽莎去上海前应该做什么？

   A. 早点儿订宿舍　B. 提前去大学学习　C. 找好的学校　　答案：A

5. 他们乘坐的飞机是上午十点从北京起飞的，经过一个半小时的旅途，就到了上海。

   问：他们是几点到上海的？

   A. 十一点　　　　B. 十一点半　　　C. 十二点　　　　答案：B

6. 王欣刚到北京生活时，还有点儿不适应北方寒冷的气候，可后来慢慢习惯了。

   问：王欣刚到北京时是怎样的？

   A. 觉得天气很冷

   B. 能适应北方的气候

   C. 能习惯那儿的生活

   　　　　　　　　　　　　　　　　　　　　　　　　　答案：A

7. 这个导游对大家不太热情,人也不漂亮,小李怎么会喜欢上了她呢?

 问:关于这个导游,我们可以知道什么?

 A. 小李不喜欢她

 B. 小李对她不热情

 C. 小李不该爱上她 答案:C

8. 现在去南方,你还可以尝到在北方很少见到的热带水果。

 问:从这句话中,可以知道北方怎么样?

 A. 吃不到热带水果

 B. 热带水果不多

 C. 见不到热带水果 答案:B

9. 你觉得喝酒是一种享受,可我闻到那味道就觉得不舒服。

 问:说话人什么时候会觉得不舒服?

 A. 看到别人喝酒时

 B. 闻到酒的味道时

 C. 自己喝酒时 答案:B

10. 金大永在海边看别人游泳,只过了一会儿,他的身上就晒红了。

 问:金大永为什么会晒红了?

 A. 晒了太阳   B. 下海游泳了   C. 在阳光下时间太长 答案:A

二、听下列对话,选择正确答案

1. 男:你住的那个房间怎么样?

 女:不错。虽然看不到大海,但站在窗前能看到不少热带树木。

 问:女的为什么认为那个房间不错?

 A. 不在大海的旁边

 B. 能看到热带风景

 C. 房间里有热带树木 答案:B

2. 男:我计划今年暑假去北京,机票也已经订好了。

 女:暑假时去北京旅游的人特别多,你得提前订好宾馆。

问：男的有什么打算？

　　A. 现在去旅游　　　B. 提前订宾馆　　　C. 暑假去北京　　　答案：C

3. 男：我们去北京要经过什么地方？

　　女：我们从上海出发，先坐汽车到南京，然后再从南京坐飞机到那儿。

　　问：他们在旅途中要经过哪儿？

　　A. 上海　　　　　　B. 南京　　　　　　C. 北京　　　　　　答案：B

4. 女：青岛是个有名的旅游区，你去那儿不错，联系好学校了吗？

　　男：我已经与那儿的一个大学联系好了，寒假后就去那儿学习。

　　问：男的寒假后要做什么？

　　A. 去青岛学习

　　B. 与青岛的大学联系

　　C. 去青岛旅游　　　　　　　　　　　　　　　　　　　　　　答案：A

5. 女：听说去年冬天你的护照丢了，是吗？

　　男：是啊！那时候，我感到身上好像一下子凉了。

　　问：男的说"身上好像一下子凉了"是什么意思？

　　A. 觉得天气冷　　　B. 感到很着急　　　C. 身体不舒服　　　答案：B

6. 男：这儿的气候太寒冷了，你想跟我一起去海南吗？

　　女：当然想，谁不愿意享受温暖的阳光呢？

　　问：女的是什么意思？

　　A. 这儿不寒冷　　　B. 有阳光不好　　　C. 想去暖和的地方　　答案：C

7. 男：丽莎，昨天你见到黄佳佳了吗？

　　女：见到了。我们很久没联系了，所以我见到她时，一下子激动得跳了起来。

　　问：丽莎见到黄佳佳时觉得怎么样？

　　A. 很高兴　　　　　B. 很满意　　　　　C. 很奇怪　　　　　答案：A

8. 女：我想去书店买一张地图，可是没空儿去。

　　男：明天我去学校时会经过书店，可以顺便帮你带回来。

　　问：男的明天会怎么样？

　　A. 经过学校　　　　B. 去买地图　　　　C. 带女的来　　　　答案：B

9. 男：今天咱们游览的那些景点都很有特色。
   女：确实不错。只是路上遇到了堵车，多用了不少时间。
   问：他们在谈论什么？
   A. 去游览的时间   B. 要去游览的景点   C. 旅途中的事   答案：C

10. 男：我想住在学校的宾馆里，但是不知道那儿的环境怎么样。
    女：小李在那个宾馆工作过，你最好先跟他联系一下。
    问：女的让男的做什么？
    A. 去学校的宾馆
    B. 跟小李联系
    C. 看看学校的环境   答案：B

三、听下列课文，并做练习

课文一

李阳：芳子，马上要放寒假了，有什么打算呢？
芳子：听朋友说，黄山非常漂亮。李阳，你去过那儿吗？
李阳：去过，三个月前我刚去过那儿。
芳子：你觉得黄山怎么样？
李阳：黄山确实很美，我还拍了不少风景照呢。
芳子：黄山很高吧？
李阳：非常高。我爬到山顶的时候，腿酸极了。
芳子：你觉得冬天去那儿怎么样？
李阳：听说那时山上常常会下雪，但雪景非常漂亮。
芳子：我从来没见到过雪景，那我一定要去一次。
李阳：不过，冬天山上的温度比较低，你得多穿一些衣服去。

第一课

练习

（一）听两遍，选择正确答案

1. 这段对话是什么时候说的？
   A. 寒假前　　　　B. 放寒假时　　　　C. 寒假后　　　　答案：A

2. 李阳是什么时候去黄山的？
   A. 刚才　　　　　B. 前几个月　　　　C. 今年寒假　　　答案：B

3. 李阳登上山顶时觉得怎么样？
   A. 雪景很漂亮　　B. 天气非常冷　　　C. 人十分累　　　答案：C

4. 关于芳子，下面哪句话是正确的？
   A. 她拍了风景照
   B. 她想欣赏雪景
   C. 她登山时腿很酸　　　　　　　　　　　　　　　　　答案：B

5. 芳子想去黄山，李阳给她的建议是什么？
   A. 衣服别穿得太少
   B. 要带上照相机
   C. 一定要去爬山　　　　　　　　　　　　　　　　　　答案：A

（二）再听一遍，回答问题

1. 李阳去黄山时做了什么？
2. 李阳爬到山顶时觉得怎么样？
3. 芳子打算什么时候去黄山？
4. 芳子希望去黄山时看到什么？
5. 芳子去黄山时应该怎么样？

课文二

哈利：王欣，听说暑假去黄山的人很多，是吗？

王欣：是的。那时学生都放假了，所以人特别多。

哈利：机票也很紧张吧？

王欣：那当然，所以你得提前去订机票。不然，就可能买不到。
哈利：那我今天就去订。从这儿飞到黄山要多长时间呢？
王欣：大概需要三四个小时吧。
哈利：时间太长了！我从来没坐过这么长时间的飞机。
王欣：还好吧。哈利，你知道吗，去年我坐火车去西藏，坐了三天两夜呢。
哈利：那么远！那一定累极了。
王欣：可不是吗！到了西藏的时候，我差点儿累病了。

练习

（一）听两遍，辨别对错

1. 哈利放暑假前去订机票。　　　　　　（对）
2. 从这儿飞到黄山要三十个小时。　　　（错）
3. 哈利从来没坐过飞机。　　　　　　　（错）
4. 王欣是坐火车去西藏的。　　　　　　（对）
5. 王欣到了西藏后就病了。　　　　　　（错）

（二）再听一遍，回答问题

1. 暑假时去黄山的人为什么很多？
2. 哈利去黄山前应该做什么？
3. 从这儿飞到黄山要多长时间？
4. 王欣去西藏时坐了多长时间的火车？
5. 王欣到了西藏时差点儿怎么了？

第二课

一、听下列句子,选择正确答案

1. 丽莎和芳子去公园时没带照相机,这些照片都是请别人帮她们拍的。

   问:这些照片是谁拍的?

   A. 芳子　　　　　B. 丽莎　　　　　C. 别人　　　　　答案:C

2. 我的自行车被哈利借走了,只好坐汽车去学校了。

   问:这句话是什么意思?

   A. 我没有自行车

   B. 哈利借了我的自行车

   C. 我不坐汽车去学校　　　　　　　　　　　　　　　答案:B

3. 以前,这个地方只有沙滩和树木,可现在变成了一个热闹的海边城市。

   问:现在这个地方怎么样了?

   A. 沙滩和树木都没有了

   B. 跟以前不一样了

   C. 看不到大海了　　　　　　　　　　　　　　　　　答案:B

4. 我的父母对王芳都很满意,怎么会不同意我俩结婚呢?

   问:这句话是什么意思?

   A. 我能跟王芳结婚

   B. 父母不同意我结婚

   C. 王芳对我父母很满意　　　　　　　　　　　　　　答案:A

5. 金大永躺在沙滩上,欣赏着眼前美丽的景色,觉得真是舒服极了。

   问:金大永没有做什么?

   A. 去海边　　　　B. 在沙滩上睡觉　C. 看眼前的景色　答案:B

6. 我的汽车在半路上坏了,修了半天才终于修好,能不迟到吗?

　　问:说话人为什么迟到了?

　　A. 出发时车坏了

　　B. 修好车后才出发的

　　C. 车在半路上不能开了　　　　　　　　　　　　　　　答案:C

7. 妈妈,等会儿我要去逛商店。你要请朋友吃饭,可别派我去买菜呀!

　　问:说话人不愿意做什么?

　　A. 去逛商店　　　　　B. 去买菜　　　　C. 请朋友吃饭　　答案:B

8. 那几个人在饭店点了很多菜,可是他们吃完后就逃走了。

　　问:那些人吃完饭后怎么了?

　　A. 没有买单　　　　　B. 忘记买单了　　C. 买单后就走了　答案:A

9. 我们在半山上遇到了一阵大雨,只好等雨停了后再继续爬。

　　问:他们遇到大雨后是怎么做的?

　　A. 雨停了后又上山了　B. 马上就下山了　　C. 还是继续往上爬　答案:A

10. 芳子,你说每天都要运动的,怎么只坚持了几天就放弃了?

　　问:芳子现在怎么了?

　　A. 每天都运动　　　　B. 不会放弃运动　　C. 不再坚持运动　答案:C

二、听下列对话,选择正确答案

1. 男:快走啊!离山顶已经没有多少路了。

　　女:好的,让我先休息一会儿。

　　问:从对话中可以知道什么?

　　A. 到山顶没有路了　B. 离山顶不远了　　C. 女的休息了一会儿　答案:B

2. 男:那对青年男女相爱的故事很动人吧?

　　女:谁说不是呢?

　　问:女的觉得那个故事怎么样?

　　A. 确实很动人　　　　B. 不是很动人　　　C. 不知道是不是动人　答案:A

第二课

3. 男：昨天你爬到了山顶吗？

   女：我太累了，所以只好放弃了。不过，半山的风景也很不错。

   问：下面哪句话是对的？

   A. 女的登上了山顶

   B. 女的没有去爬山

   C. 女的只爬到了半山　　　　　　　　　　　　　　　　　　答案：C

4. 男：虽然你没得到400米比赛的第一名，但是你能跑完已经很不错了。

   女：是的，坚持到底就是胜利。

   问：女的最后怎么了？

   A. 跑到了终点　　　B. 没有坚持到底　　　C. 得到了第一名　　答案：A

5. 男：我不是让你别去南京工作吗？

   女：可老板一定要派我去，我能不去吗？

   问：女的是什么意思？

   A. 不去南京工作

   B. 只好去南京工作

   C. 可以不听老板的话　　　　　　　　　　　　　　　　　　答案：B

6. 女：你怎么来得这么晚啊，我从九点起一直等到现在了。

   男：对不起，我八点就准备出门了。可没想到一个朋友来了，所以走晚了。

   问：男的为什么来晚了？

   A. 出门前有了别的事

   B. 八点才准备出发

   C. 走路走得太慢　　　　　　　　　　　　　　　　　　　　答案：A

7. 男：好久没遇到小王了，她最近怎么样？

   女：上个月她跟小李相爱了，然后跟以前的男朋友"再见"了。

   问：最近小王怎么了？

   A. 男朋友不爱她了

   B. 她爱上了小李

   C. 她跟以前的男朋友见面了　　　　　　　　　　　　　　　答案：B

8. 女：我先去买杯咖啡，再去托运行李。你帮我拿着这个包，行吗？
   男：好的，快一点回来！
   问：女的让男的做什么？
   A. 买咖啡　　　　B. 托运行李　　　　C. 拿着包　　　　答案：C

9. 男：前边就是电影院了，快点儿骑吧！
   女：你怎么还往前冲，快停车！没看到眼前是红灯吗？
   问：女的为什么说"快停车"？
   A. 前边是红灯　　B. 电影院到了　　C. 前边不能停车　　答案：A

10. 男：你怎么样，还能走吗？
    女：我已经累得没有多少力气了，不休息不行了。
    问：女的觉得怎么样？
    A. 可以不休息　　B. 没有力气走了　　C. 还可以继续走　　答案：B

三、听下列课文，并做练习

课文一

李阳：王欣，昨天3000米比赛怎么样？
王欣：一开始我跑在最前边，可只跑到一半，我就累得没多少力气了。
李阳：那你还跑吗？
王欣：坚持到底就是胜利嘛！
李阳：大家都跑完了3000米吗？
王欣：是的，没有一个人放弃。
李阳：真不错！那你得了第几名呢？
王欣：最后只有李芳跑在我前边。你说，我是第几名呢？
李阳：你真是太棒了！
王欣：可我跑到终点的时候，差点儿摔倒了。

第二课

练习

（一）听两遍，选择正确答案

1. 王欣得了第几名？
   A. 第一名　　　　B. 第二名　　　　C. 第三名　　　　答案：B

2. 关于王欣，下面哪句话是正确的？
   A. 她一直跑在最前边
   B. 她跑到一半时想放弃
   C. 她比李芳跑得慢　　　　　　　　　　　　　　　　答案：C

3. 王欣在比赛时是怎么想的？
   A. 自己能得到第一名
   B. 不放弃就是胜利
   C. 太累就不跑了　　　　　　　　　　　　　　　　　答案：B

4. 比赛的结果怎么样？
   A. 大家都跑到了终点
   B. 没有人跑到终点
   C. 有一个人没跑到终点　　　　　　　　　　　　　　答案：A

5. "差点儿摔倒"是什么意思？
   A. 没有摔倒　　　　B. 摔倒了　　　　C. 不会摔倒　　　答案：A

（二）再听一遍，回答问题

1. 昨天的3000米比赛，王欣一开始跑得怎样？
2. 王欣跑到一半的时候怎么样了？
3. 王欣为什么没有放弃比赛？
4. 谁比王欣跑得快？
5. 王欣跑到终点时差点儿怎么了？

课文二

王欣：哎呀，李阳，你的手怎么破了？

李阳：哦，是被一个小偷抓破的。

王欣：你遇到小偷了？

李阳：是的。昨天我在超市买菜，一个男青年偷了我的钱包，然后就逃出去了。

王欣：那你去追他了吗？

李阳：当然，我接着就去追了。虽然他跑得快极了，可后来我终于追到了他。

王欣：那你的手怎么破了？

李阳：我追到他的时候，他还想逃，把我的手也抓破了。

王欣：你太棒了！不过，以后遇到这样的事，最好打110，让警察来抓。

练习

（一）听两遍，辨别对错

1. 一个小偷把李阳的钱包偷了。（对）
2. 小偷跑得比李阳更快。（错）
3. 最后李阳追到了小偷。（对）
4. 李阳把小偷的手抓破了。（错）
5. 王欣认为遇到小偷时应该叫警察。（对）

（二）再听一遍，回答问题

1. 李阳买菜时遇到了什么事？
2. 小偷偷了东西后就逃了吗？
3. 李阳去追小偷了吗？
4. 李阳抓到小偷了吗？
5. 李阳的手是怎么破的？

第三课

一、听下列句子,选择正确答案

1. 哈利一直想来中国游览,现在他终于实现了自己的愿望。

    问:从这句话中,可以知道什么?

    A. 哈利以前来过中国

    B. 哈利一直在中国

    C. 现在哈利在中国   答案:C

2. 这些都是古代的建筑,我们一定得把它们保护好。

    问:为什么要保护好这些建筑?

    A. 它们有很久的历史

    B. 它们正在修建中

    C. 它们是新的建筑   答案:A

3. 丽莎放弃了这次考试,一方面是身体不太好,一方面是准备得不太好。

    问:丽莎为什么不参加这次考试?

    A. 只是因为病了

    B. 因为没有一点儿准备

    C. 身体和准备都有问题   答案:C

4. 金大永站在海边的沙滩上,看着蓝天下无边无际的大海,觉得真是太美了。

    问:金大永的眼前是什么?

    A. 无边无际的沙滩   B. 看不到边的大海   C. 蓝色的天空   答案:B

5. 三年前我去过一次黄山,后来就再也没去过,真希望能有机会再去一次。

    问:这句话是什么意思?

    A. 他没有去过黄山

    B. 他有去黄山的机会

    C. 他以前去过黄山   答案:C

6. 咱们先在这个咖啡馆喝杯咖啡，经过边境后，再去那儿的一家商店逛逛。

   问：边境在哪儿？

   A. 去咖啡馆的半路上

   B. 咖啡馆和商店之间

   C. 商店的后边　　　　　　　　　　　　　　　　　　答案：B

7. 我去天山时正赶上雪后天晴，站在山顶上看雪景，觉得天山真是雄伟极了！

   问：说话人的感受是什么？

   A. 天山很雄伟　　　　B. 山顶很高　　　　C. 雪景还可以　　答案：A

8. 芳子已经适应了这里的工作，而且在工作的过程中还交了许多朋友。

   问：现在芳子怎么了？

   A. 认识了不少朋友

   B. 在交朋友的过程中

   C. 想适应这里的工作　　　　　　　　　　　　　　　答案：A

9. 为了修建地铁站，这儿的老房子大部分都拆了，只保存下来两座。

   问：现在这儿怎么了？

   A. 老房子都没有了

   B. 地铁站要保存下来

   C. 有两座老房子没拆　　　　　　　　　　　　　　　答案：C

10. 小李吃完饭打开电视的时候，正赶上一场足球比赛，可只看了一会儿停电了。

    问：是什么时候停电的？

    A. 小李打开电视时

    B. 小李看足球比赛时

    C. 小李吃饭的时候　　　　　　　　　　　　　　　　答案：B

二、听下列对话，选择正确答案

1. 男：在学习口语的过程中，我觉得多说很重要。

   女：对，但是另一方面也需要多读。

问：关于学习口语，女的看法是什么？

A. 多说就行了　　　B. 说和读都重要　　　C. 只要多读　　　答案：B

2. 男：我感冒已经好几天了，吃了几天药还没有好。

女：你一方面还要去医院看，一方面也要注意休息。

问：女的建议男的怎么做？

A. 再去看病和休息

B. 还要去医院休息

C. 只要吃药就行了　　　答案：A

3. 男：那座建筑是一千多年前修建的，至今仍然完好。

女：是吗？我对古建筑很感兴趣，周末你带我去看看吧。

问：关于那座建筑，我们可以知道什么？

A. 已经不太完好了

B. 它是不久前修建的

C. 一直保存得很好　　　答案：C

4. 男：昨天的那个电影很动人，你怎么没去看？

女：我是想去看，可一方面工作忙，一方面男朋友不想去，我一个人去看多没意思啊！

问：女的昨天为什么没去看电影？

A. 那个电影没意思

B. 不愿意一个人去看

C. 男朋友没空陪她去　　　答案：B

5. 男：王欣，我们的学生去那儿旅游安全吗？

女：别担心。为了保护他们的安全，我们旅行社会多派几个人去的。

问：旅行社为什么会多派几个人去？

A. 担心学生的安全

B. 学生希望有人保护

C. 那几个人也想去旅游　　　答案：A

6. 男：听说学校组织你们去杭州了，觉得那儿怎么样？
   女：那儿的旅游景点都漂亮极了，可到处是大大小小的旅游团，走路都很困难。
   问：在杭州的旅游景点，可以见到什么？
   A. 年龄有大有小的学生
   B. 各种大或小的旅游团
   C. 游览的人都走得很累　　　　　　　　　　　　　　　　答案：B

7. 女：这个足球是新买的吗？
   男：是的。我儿子的那个足球踢破后，他就再也没踢过，所以给他买个新的吧。
   问：男的为什么买了一个足球？
   A. 要教儿子踢足球
   B. 要让儿子学踢足球
   C. 要让儿子能再踢足球　　　　　　　　　　　　　　　　答案：C

8. 男：这个城市山美、水美，空气也很新鲜，真让人觉得舒服。
   女：是啊！人们一直都很注意保护这里的环境。你看，马路上也不脏，到处都很整洁。
   问：他们在谈论什么？
   A. 这个城市的环境
   B. 城里人舒服的生活
   C. 正在修建的马路　　　　　　　　　　　　　　　　　　答案：A

9. 男：听说那个地区的古建筑都保存得很好，我很想去那儿看看。
   女：我们公司在那儿有一项建筑工程，我可以向经理建议，派你去那儿工作一个月。
   问：男的可能会去那个地区做什么？
   A. 参加一项建筑工程
   B. 修建一些古代建筑
   C. 参观游览一个月　　　　　　　　　　　　　　　　　　答案：A

10. 女：这个酒瓶真漂亮，你是把它放在行李箱里的吗？

男：是的。我一直担心它在托运的过程中会摔坏，要是这样，你今天就看不到了。

问：关于这个酒瓶，我们可以知道什么？

A. 还在托运的过程中

B. 在托运时摔坏了

C. 仍然是完好的   答案：C

三、听下列课文，并做练习

李阳：丽莎，你去过这儿的博物馆吗？

丽莎：没有。去年我跟芳子来旅游时，只是听导游说过这儿有个博物馆。

李阳：那明天我带你去一次吧，让你感受一下古老的中国文化。

丽莎：太好了！李阳，那个博物馆里的东西一定很多吧？

李阳：是的。那里有不少古代的文物，而且至今仍然完好。

丽莎：能把那些文物保存下来，真不是件容易的事。

李阳：可不是吗！为了保存好它们，国家每年都要花很多钱的。

丽莎：所以人们在参观的过程中，也应该注意爱护好这些文物。

李阳：对，这很重要。尤其是一些瓷器，要是摔碎了，那可能就再也修不好了。

丽莎：我特别喜欢中国的瓷器，明天我可得好好欣赏一下。

练习

（一）听两遍，选择正确答案

1. 丽莎听谁说过这儿有一个博物馆？

A. 李阳   B. 芳子   C. 导游   答案：C

2. 丽莎什么时候能感受到古老的中国文化？
   A. 参观博物馆时
   B. 听导游介绍时
   C. 看介绍文物的书时　　　　　　　　　　　　　　答案：A
3. 丽莎认为做什么事是很难的？
   A. 买古代文物　　B. 保存好古代文物　　C. 去博物馆参观　　答案：B
4. 人们参观博物馆时应该注意什么？
   A. 保护文物的安全
   B. 哪些文物是完好的
   C. 哪些瓷器是文物　　　　　　　　　　　　　　答案：A
5. 李阳说到瓷器时是怎样说的？
   A. 有些瓷器摔碎了
   B. 有些瓷器仍然完好
   C. 瓷器坏了很难修好　　　　　　　　　　　　　答案：C

（二）再听一遍，回答问题
  1. 李阳为什么要带丽莎去博物馆？
  2. 博物馆里的不少文物现在是怎样的？
  3. 丽莎说做好什么事是不容易的？
  4. 人们在参观博物馆时应该注意什么？
  5. 一些瓷器被摔碎后可能会怎么样？

课文二

　　来中国前，我就听说杭州西湖的风景十分美丽，所以我一直有个愿望，要去西湖看看。今年五月的一天，我的愿望终于实现了。

　　那天早上，我和一个朋友六点就起床了。我们乘坐的汽车是七点从上海出发的，只经过两个小时的旅途，就到了杭州。人们说，雨中的西湖是最漂亮的。我们到杭州的那天上午，正赶上下小雨。我和朋友在雨中的西湖边一边散步，一边聊天。下午，天晴了，朋友建议去湖边的小茶馆坐坐，一方面可以欣赏眼前西湖的美景，一方面也可以尝尝非常有名的龙井茶。龙井茶非常香，让人闻到它的味道就想喝，我一下子就喜欢上了它。

练习

（一）听两遍，辨别对错

1. "我"的愿望是欣赏西湖美景。　　　　　　（对）

2. "我"觉得从上海到杭州很远。　　　　　　（错）

3. "我们"到西湖时正赶上雨后天晴。　　　　（错）

4. 朋友的建议是去湖边茶馆喝茶。　　　　　（对）

5. "我"以前闻到过龙井茶的香味。　　　　　（错）

（二）再听一遍，回答问题

1. "我"终于实现了什么愿望？

2. "我们"经过多长时间的旅途就到了杭州？

3. "我们"到杭州的时候正赶上什么天气？

4. 朋友为什么建议去小茶馆？

5. "我"觉得龙井茶怎么样？

第四课

一、听下列句子，选择正确答案

1. 在这些介绍中国文化的书里，最薄的要算是这本了，而且也比较便宜。
   问：这本书怎么样？
   A. 比别的书都好　　　B. 比别的书都贵　　C. 比别的书都薄　　　答案：C

2. 昨天哈利没来上课，我们都以为他病了。后来才知道，原来他回国了。
   问：现在哈利怎么了？
   A. 生病了　　　　　　B. 不在学校　　　　C. 要回国了　　　　　答案：B

3. 李阳平时不太讲究整洁，可今天他的房间里很干净。原来，他的女朋友下午要来。
   问：今天李阳的房间为什么很干净？
   A. 他很爱整洁
   B. 女朋友帮他收拾的
   C. 他希望女朋友觉得舒服　　　　　　　　　　　　　　　　　　　答案：C

4. 人们说，没去过长城就不能算到过北京，所以我怎么能不去呢？
   问：说话人是什么意思？
   A. 他去过长城了　　　B. 他一定会去长城　C. 他不能去长城　　　答案：B

5. 芳子按照丽莎告诉她的方法，每天都运动。现在，她没以前那么胖了。
   问：芳子现在怎样了？
   A. 比以前瘦了　　　　B. 想开始运动了　　C. 打算减肥了　　　　答案：A

6. 我去唐华家时，李阳正从里边走出来。看他的样子，似乎有点儿急事。
   问：李阳怎么了？
   A. 他要去唐华家
   B. 好像要去办一件事
   C. 似乎正要离开唐华家　　　　　　　　　　　　　　　　　　　　答案：B

7. 苏州有不少古老的园林建筑,至今它们还保留着以前的样子。
   问:关于苏州的园林建筑,我们可以知道什么?
   A. 它们正在修建中   B. 仍然跟以前一样   C. 没有保留下来   答案:B

8. 金大永拿起一杯水,一口就喝下去了。接着,他又拿了一杯喝起来。
   问:金大永是怎样喝水的?
   A. 一下子喝完了一杯
   B. 只喝了一口
   C. 喝了一口再喝第二口   答案:A

9. 小李,你没看到别人都在排队吗,你怎么能不排队就先买呢?
   问:这句话是什么意思?
   A. 买东西不用排队
   B. 小李在排队买东西
   C. 小李的做法不对   答案:C

10. 哈利以为白酒就像一般的啤酒一样,可他刚喝了一口,马上又吐了出来,觉得太难喝了。
    问:哈利喝了白酒后怎么了?
    A. 差点儿吐出来   B. 觉得跟喝啤酒一样   C. 出了洋相   答案:C

二、听下列对话,选择正确答案

1. 男:听说你去了沿海地区的一个风景区,那儿漂亮吗?
   女:我觉得没有什么特色,跟别的风景区没什么不一样。
   问:女的觉得那个风景区怎么样?
   A. 很一般   B. 有特色   C. 很漂亮   答案:A

2. 女:你看,这个瓷盘怎么样?
   男:这个盘子代表着明朝的特色,但是它很薄,你拿的时候可要注意,别打破了。
   问:他们在谈论什么?
   A. 瓷器的特点
   B. 一个很薄的盘子
   C. 一个盘子打破了   答案:B

3. 男：芳子，你和丽莎拍的这些照片都不错啊！
   女：是吗？但拍得最好的要算是王欣了，你没看到她总是随身带着照相机吗？
   问：谁拍照拍得最好？
   A. 芳子　　　　　B. 王欣　　　　　C. 丽莎　　　　　答案：B

4. 男：这杯东西挺烫的，你得慢慢喝。
   女：哦，确实很烫！如果你不告诉我，我就一口喝下去了。
   问：女的可能在喝什么？
   A. 牛奶　　　　　B. 啤酒　　　　　C. 冰咖啡　　　　答案：A

5. 男：丽莎，丽莎！
   女：金大永，原来是你啊！我还以为是李阳在叫我呢。
   问：女的是什么意思？
   A. 她不认识叫自己的人
   B. 她一听就知道是李阳
   C. 她刚知道叫她的是金大永　　　　　　　　　　　　答案：C

6. 男：昨天吃晚饭时没见到你，跟朋友出去逛街了吗？
   女：哪有时间逛街啊？我去书店了，可到那儿时书店关门了，只好下次再去了。
   问：女的下次要去哪儿？
   A. 去逛街　　　　B. 跟朋友出去玩儿　　C. 去书店　　　答案：C

7. 男：小李刚才打电话来说，他还要再过几分钟才能到。我们先吃吧！
   女：我们再等等吧，现在肚子还不饿。
   问：女的是什么意思？
   A. 等饿了再吃　　B. 等小李来了再吃　　C. 再等下去会饿　答案：B

8. 男：你这次考试考得怎么样？
   女：我按照你说的复习了。我以为成绩一定会很好，可还是跟以前差不多。
   问：女的这次考得怎么样？
   A. 成绩不太好　　B. 成绩非常好　　　　C. 成绩似乎不错　答案：A

9. 男：王老师病了,我想带些水果去医院看他。你看,行吗?

女：当然可以。但你可别送"梨"啊,因为"梨"是离开的意思。

问：去医院看病人时要注意什么?

A. 送水果是有讲究的

B. 不能说"离开"

C. 别送什么水果

答案：A

10. 女：在我们班,跳舞跳得最棒的要算是你了,能教教我们吗?

男：可我很久不跳了,差不多都忘了怎么跳。现在跳起来不出洋相就算是好的了。

问：男的认为自己现在怎么样?

A. 跳舞跳得算是好的

B. 可以教别人跳舞

C. 跳舞时会出洋相

答案：C

三、听下列课文,并做练习

哈利的公司要跟上海的一家公司合作,所以老板派他来上海跟这家公司联系。他早就听说豫园是代表上海特色的老商业街,而且还有很多特产,所以决定一定要去那儿游览一下,顺便再买点儿礼物送朋友。

昨天下午,哈利办完事后就去了豫园。进了豫园后,他来到了一家筷子店。一进店,他马上就喜欢上了那儿的筷子。以前,他一直以为中国人用的筷子都是一样的,来到这儿后才发现,原来中国有各种各样的筷子,而且做得都很讲究。于是,他买了几双很有特色的筷子。虽然这些筷子的价格比较贵,但他觉得是值得的,因为它们在别的国家是买不到的,带回国后还可以让朋友也了解有关中国筷子的知识。

风光汉语·初级听力Ⅱ 听力文本与参考答案

练习

（一）听两遍，选择正确答案

1. 哈利为什么来上海？
   A. 为了买礼物   B. 为了公司的事   C. 为了来游览   答案：B
2. 哈利为什么要去豫园？
   A. 他早就知道豫园很有名
   B. 他只是经过那儿时顺便去的
   C. 他要跟那儿的一家公司联系   答案：A
3. 以前，哈利以为中国的筷子是怎样的？
   A. 有各种样子   B. 样子都差不多   C. 做得不太讲究   答案：B
4. 哈利买了几双怎样的筷子？
   A. 很有特色的   B. 价格便宜的   C. 样子一样的   答案：A
5. 哈利为什么认为买这些筷子是值得的？
   A. 他从没见过中国的筷子
   B. 这些筷子别人买不到
   C. 可以了解中国筷子的知识   答案：C

（二）再听一遍，回答问题

1. 哈利的公司为什么派哈利来上海？
2. 哈利早就听说豫园是一个怎样的地方？
3. 以前，哈利以为中国的筷子是怎样的？
4. 到了筷子店，哈利才发现了什么？
5. 哈利为什么买了好几双筷子？

课文二

金大永：芳子，星期天晚上我打电话到你家，可没人接。你去哪儿了？

芳　子：对不起，我跟朋友去一家饭店吃饭了。朋友说那儿的四川菜还保留着传统的做法，很有特色，所以请我去尝尝。

金大永：四川菜算是辣的。怎么样，好吃吗？

芳　子：好吃是好吃，可确实很辣。

金大永：你是第一次吃四川菜吗？

芳　子：是的。服务员把一盘豆腐端上来时，我闻了一下，味道香极了。可我刚吃了一口，就一下子吐了出来，而且还不断地咳嗽，真是太辣了！

金大永：那你要赶紧喝一点儿水。

芳　子：可不是吗！我把一大杯水喝下去后才不咳嗽了。

金大永：现在你还不太适应吃辣的东西，可吃多了就会习惯。

练习

（一）听两遍，辨别对错

1. 芳子吃的四川菜还是传统的做法。　　　　　（对）
2. 芳子觉得四川菜的味道很难闻。　　　　　　（错）
3. 芳子咳嗽是因为吃的豆腐辣极了。　　　　　（对）
4. 芳子只喝了一口水后就不咳嗽了。　　　　　（错）
5. 要是芳子常吃四川菜就会慢慢适应的。　　　（对）

（二）再听一遍，回答问题

1. 朋友为什么请芳子去那家饭店吃四川菜？
2. 芳子闻到那盘豆腐的味道时觉得怎么样？
3. 芳子刚吃了一口豆腐后就怎么了？
4. 什么时候芳子才不咳嗽了？
5. 芳子觉得四川菜怎么样？

第五课

一、听下列句子,选择正确答案

1. 唐华下个星期要来北京,可那时正好是在考试期间,只好放假时再跟他聚一聚了。

    问:说话人什么时候跟唐华见面?

    A. 下个星期　　　B. 在假期里　　　C. 在考试期间　　　答案:B

2. 我是上午十点去银行取钱的,可人太多了,只能耐心等,轮到我的时候已经是十点四十五分了。

    问:他排了多长时间的队?

    A. 十五分钟　　　B. 三十分钟　　　C. 四十五分钟　　　答案:C

3. 今年的春节是二月十五号,在春节的前一天晚上,王欣去听了一场演唱会。

    问:王欣是什么时候去听演唱会的?

    A. 二月十四号　　B. 二月十五号　　C. 二月十六号　　　答案:A

4. 小王春节期间结婚,他让李阳去买鞭炮,派我去饭店订座位,还让小张去请乐队来表演。

    问:小王安排李阳做什么事?

    A. 去饭店订座位　B. 去商店买鞭炮　C. 请乐队来表演　　答案:B

5. 那几个年轻人平时晚上都聚在一起演奏音乐,可不知道为什么,最近几个晚上却很安静。

    问:这几天说话人觉得怎么样?

    A. 很奇怪　　　　B. 很寂寞　　　　C. 很满意　　　　　答案:A

6. 李阳大学毕业后就去外地工作了,今年寒假期间,他可能要来上海跟老同学团聚。

    问:从这句话中,你知道了什么?

    A. 李阳会去外地工作

B. 我也许能见到李阳

C. 我跟李阳见面了   答案：B

7. 我常常跟王欣一起谈论年轻人喜欢的音乐和运动，还从她那里得到了不少中国文化知识。

   问：王欣告诉了我什么？

   A. 她喜欢的运动项目

   B. 年轻人谈论的音乐

   C. 她了解的中国文化   答案：C

8. 这次，唐华也请了假要来庆祝李阳的生日，所以李阳明天要去机场迎接唐华的到来。

   问：明天李阳要做什么？

   A. 庆祝朋友的生日   B. 去机场接朋友   C. 请假去外地   答案：B

9. 除夕夜，许多人都在外边放鞭炮，一直要放到第二天早上，怎么可能睡得好呢？

   问：关于除夕夜，我们可以知道什么？

   A. 人们都不睡觉

   B. 外边很不安静

   C. 可能会放鞭炮   答案：B

10. 按照学校的决定，今年暑假轮到我负责带学生去旅游，并且让我选择要去的地方。

    问：今年暑假"我"要做什么？

    A. 安排学生的旅游活动

    B. 选择去旅游的学生

    C. 负责决定学校的安排   答案：A

二、听下列对话，选择正确答案

1. 男：丽莎，要是你想去北京，不如早点儿去订机票，去晚了就很可能订不到。

   女：我会提前去订机票的。

问：关于订机票的事，你知道了什么？

A. 丽莎已经定好了　　B. 晚定不如早定　　C. 丽莎订得太晚了　　答案：B

2. 男：我想去超市买几盒牛奶，可是现在没时间去。

女：我正好要去超市买些菜，我帮你带来吧。

问：女的正好要去做什么？

A. 去超市买菜　　　B. 帮别人买东西　　C. 带男的去买牛奶　　答案：A

3. 男：这几个月我一直在找工作，可到现在还没找到。

女：去找小李吧。去年他开了一家照相馆，也许你能从他那里得到一个工作的机会。

问：男的去小李的照相馆后，可能会怎么样？

A. 在那儿照一张相　　B. 得到一个工作　　C. 帮女的找到工作　　答案：B

4. 男：这次我们乐队的表演得了第一名，明天中午我请你吃饭。

女：可能不行。因为我负责的一个工程项目还没做好，过几天再说吧。

问：女的明天要做什么？

A. 参加乐队表演　　　B. 跟男的去吃饭　　C. 继续工作　　答案：C

5. 男：王欣，最近你们旅行社的生意怎么样？

女：现在学生都放假了，生意怎么会不好呢？

问：最近，王欣工作的旅行社怎么样？

A. 没有生意

B. 生意特别好

C. 不知道生意会不会好　　　　　　　　　　　　　　　　答案：B

6. 男：今年，你们家打算在哪儿吃年夜饭呢？

女：如今许多家庭都选择去饭店吃年夜饭，但现在已经订不到座位了，只能在家里吃了。

问：女的为什么不去饭店吃年夜饭？

A. 她不愿意去饭店

B. 她喜欢在家里吃

C. 现在去订座位太晚了　　　　　　　　　　　　　　　　答案：C

7. 男：这学期你们学院有哪些活动？

女：太多了！10月要去旅游，11月要去参观博物馆，12月30号还有迎接新年的晚会。

问：10月到11月期间，学院有什么活动？

   A. 参观和旅游   B. 组织晚会   C. 去博物馆   答案：A

8. 男：王老师，你平时挺忙的，暑假里好好休息一下吧。

女：可假期里还有不少留学生来学习，所以一直要到8月才能轮到我休息。

问：关于王老师，你可以知道什么？

   A. 她在假期里也要上课

   B. 她在假期里没有休息

   C. 她在8月前可以休息   答案：A

9. 男：我打算明天开车去苏州游览一下，你跟我去吗？

女：当然去。我们单位明天正好放假，可我们得早点儿出发，走晚了就很可能会堵车。

问：女的建议是什么？

   A. 开车去苏州

   B. 出发的时间不能太晚

   C. 单位放假时去苏州   答案：B

10. 男：你赶快去准备一下，马上要轮到你表演了。

女：别着急，我早就准备好了。可前边还有几个节目呢，可能要再等五分钟才是我吧。

问：女的是什么意思？

   A. 她表演的节目是五分钟

   B. 她已经准备了几个节目

   C. 现在还没轮到她表演   答案：C

三、听下列课文，并做练习

课文一

丽莎：哈利，今天晚上我们一块儿去吃饭吧。上次是你请我吃的，这次该轮到我请你了。

哈利：好啊。丽莎，我们去哪个饭店呢？

丽莎：我们去花园饭店吧。在学校附近，那个饭店算是最好的了。

哈利：行啊。我和金大永去过那个饭店，那里的菜做得很有特色。

丽莎：生意也特别好，所以我现在就得打电话去订座位，订晚了就可能订不到了。

哈利：你最好订一个小房间，这样说话的时候可以安静一点儿。

丽莎：好的。我知道那儿一些小房间的环境特别好，窗户外边就是花园。

哈利：对了，我差点儿忘了，今天正好是我女朋友的生日。

丽莎：那就请她一起来，我们还可以一起庆祝她的生日啊！

哈利：行！我现在就给她打电话。

丽莎：别忘了，再买一个生日蛋糕。

哈利：怎么可能忘呢？

练习

（一）听两遍，选择正确答案

1. 今天晚上，轮到谁请哈利吃饭？
 A. 丽莎　　　　B. 金大永　　　　C. 哈利的女朋友　　　答案：A
2. 丽莎为什么现在就去订座位？
 A. 那个饭店就在附近
 B. 去那个饭店的人特别多
 C. 那个饭店的菜不错　　　　　　　　　　　　　　　　答案：B
3. 哈利建议订一个怎样的房间？
 A. 在学校附近的　B. 安静的房间　　C. 窗户外边有花园的　答案：B

第五课

4. 他们要庆祝谁的生日？
   A. 金大永　　　　B. 丽莎　　　C. 哈利的女朋友　　答案：C
5. 哈利差点儿忘了什么？
   A. 今天是女朋友的生日
   B. 给女朋友买生日蛋糕
   C. 请女朋友来吃饭　　　　　　　　　　　　　　　答案：A

（二）再听一遍，回答问题
1. 丽莎为什么要请哈利吃饭？
2. 花园饭店是个怎样的饭店？
3. 为什么现在就得去订座位？
4. 哈利为什么要订一个小房间？
5. 为什么要请哈利的女朋友一起来？

课文二

　　我早就知道，中国最重要的传统节日要算是春节了。所以，我一直想去看看中国家庭是怎样过年的。今年的除夕夜，李阳请我去他家吃年夜饭，我才终于有机会实现自己的愿望。

　　吃年夜饭的时候，李阳告诉我，最近几年，许多家庭都选择去饭店吃年夜饭，但在他们家，至今仍然保留着在家里吃年夜饭的习惯。他还告诉我，为了这顿年夜饭，妈妈提前好几天就开始在厨房里准备了。

　　李阳的妈妈很会做菜，不仅味道非常好，而且还很讲究菜的颜色。吃饭时，大家一边享受着美味的饭菜，一边谈论着各种有意思的事情。他们一家人还不断地让我吃这吃那，一直吃到九点多，让我真正感受到了中国人的热情。到了十二点的时候，许多人都放起了鞭炮，我也跟李阳去外边放了鞭炮。那时候，真是热闹极了。

练习

（一）听两遍，辨别对错

1. 我在中国家庭吃过几次年夜饭。　　　　　　（错）
2. 李阳家一直是在家里吃年夜饭的。　　　　　（对）
3. 李阳的妈妈在除夕夜才准备年夜饭。　　　　（错）
4. 李阳妈妈做的菜又好吃又好看。　　　　　　（对）
5. 吃饭时我跟李阳去外边放了鞭炮。　　　　　（错）

（二）再听一遍，回答问题

1. 李阳家仍然保留着怎样的习惯？
2. 李阳妈妈做的菜怎么样？
3. 吃年夜饭时，他们一边享受着什么，一边谈论着什么？
4. 在吃饭的过程中，我感受到了什么？
5. 到了十二点的时候，我跟李阳做了什么？

第六课

一、听下列句子，选择正确答案

1. 黄英，这次很多同学都想在春节晚会上表演，你怎么不报名参加呢？

    问：说话人想让黄英做什么？

    A. 参加表演　　　　B. 看春节晚会　　C. 负责报名的事　　　答案：A

2. 暑假期间，一些留学生想去中国人的家看看，许多家庭都表示愿意接待他们。

    问：许多中国家庭都愿意做什么？

    A. 去学校接留学生

    B. 了解怎样接待留学生

    C. 请留学生来自己家　　　　　　　　　　　　　　　　　　　答案：C

3. 芳子，我可没办法给你提供工作的机会，你得自己主动去联系。

    问：说话人让芳子做什么？

    A.自己去找工作　　B. 提供工作的机会　C. 主动跟自己联系　　答案：A

4. 公司让我负责这个重要项目，我怎么能表示不同意呢？

    问：说话人是什么意思？

    A. 不同意公司的安排

    B. 愿意负责这个项目

    C. 不表示自己的想法　　　　　　　　　　　　　　　　　　　答案：B

5. 这个学校的老师对留学生格外亲切，所以哈利还想留在这儿学习。

    问：哈利为什么想留在这儿？

    A. 学生对自己很亲切

    B. 老师对学生非常好

    C. 学生都格外努力　　　　　　　　　　　　　　　　　　　　答案：B

6. 王欣在大学毕业之前就联系好了一家电视台，一毕业就能去那儿工作。
   问：王欣是什么时候联系工作的？
   A. 刚毕业的时候　　B. 大学毕业以后　　C. 上大学的时候　　　答案：C

7. 李阳，刚才你怎么没向唐老师打招呼呢，是没看见他吗？
   问：李阳刚才没有做什么？
   A. 向唐老师问好　　B. 跟唐老师见面　　C. 去看唐老师　　　答案：A

8. 妈妈坐的飞机就要到上海了，所以爸爸现在就得赶到机场去接她。
   问：爸爸现在要做什么？
   A. 赶快上飞机　　B. 马上去机场　　C. 接待妈妈　　　答案：B

9. 芳子，怎么我一按门铃，你就打开了门？我没告诉过你要来啊！
   问：说话人觉得奇怪的是什么？
   A. 芳子没有开门
   B. 芳子开门开得很快
   C. 芳子为什么来
   　　　答案：B

10. 唐华的办公室在十楼，平时他骑车到学校后都乘电梯上去，可今天电梯坏了。
    问：今天唐华怎样才能到办公室？
    A. 乘电梯　　B. 开车去　　C. 走上去　　　答案：C

二、听下列对话，选择正确答案

1. 男：李芳，你们中国人过春节时，一定格外有意思吧？
   女：是啊！如果你有兴趣的话，今年就来我家感受一下春节的气氛吧。
   问：女的想请男的做什么？
   A. 来自己家过春节　　B. 对春节感兴趣　　C. 让春节的气氛更好　　答案：A

2. 男：丽莎，去哪儿啊，看到我也不打招呼？
   女：哦，是哈利啊！对不起，我正在想事情，所以没看见你。
   问：丽莎为什么说"对不起"？
   A. 她没见到哈利　　B. 她正在想事情　　C. 她没跟哈利打招呼　　答案：C

3. 男：王欣，今天电视台的一位先生要来联系旅游的事，你负责接待一下吧。

　　女：没问题，现在我就去准备一下。

　　问：王欣要做什么？

　　A. 去接电视台的人　　B. 接待电视台的人　　　C. 跟电视台联系　　答案：B

4. 女：大永，你马上就要毕业了，想找一个什么工作呢？

　　男：现在我还没考虑好，但是想找一个离家不太远的单位。

　　问：关于工作，男的要考虑的是什么？

　　A. 工作好不好

　　B. 单位离家远不远

　　C. 找什么工作比较好　　　　　　　　　　　　　　　　　　　答案：B

5. 女：哈利，你们班上口语课的时候，教室里的气氛好吗？

　　男：老师说得太多了，所以我们不太有机会说。你说，这气氛会好吗？

　　问：上口语课时的情况怎么样？

　　A. 教室里没人说话

　　B. 学生说的机会不多

　　C. 教室里气氛很好　　　　　　　　　　　　　　　　　　　　答案：B

6. 男：黄英，我放在餐桌上的鲜花怎么不见了？

　　女：你没看见花瓶里插着那束鲜花吗？

　　问：现在那束鲜花在哪儿？

　　A. 不知道在哪儿　　B. 在花瓶里插着　　C. 在桌子上摆着　　答案：B

7. 男：黄英，你家离学校挺远的，怎么这么快就到了？

　　女：出门前，我给张永打了个电话。没想到，他接到电话后就赶忙开车来接我了。

　　问：张永接到电话后做了什么？

　　A. 赶忙去了学校

　　B. 马上赶到了黄英家

　　C. 让黄英听电话　　　　　　　　　　　　　　　　　　　　　答案：B

8. 女：大永，能把你的汉语词典借给我看看吗？

   男：没问题。餐桌放着的那本词典就是我的，你拿去看吧。

   问：女的想做什么？

   A. 看看餐桌上放着什么

   B. 把词典放在餐桌上

   C. 借一本汉语词典　　　　　　　　　　　　　　　　　答案：C

9. 女：哈利，听说这次学院要组织一次联欢晚会，你参加吗？

   男：我早就报名了，这几天正在排练呢。

   问：男的这几天在做什么？

   A. 准备晚会的节目

   B. 报名参加晚会

   C. 跟女的一起排练节目　　　　　　　　　　　　　　答案：A

10. 女：你看看你的房间，椅子上、柜子上也放着那么多东西，怎么不收拾一下？

    男：我一个人住，要收拾得那么整齐干什么？

    问：男的是什么意思？

    A. 应该收拾房间　　B. 房间收拾得很整齐　　C. 不用收拾房间　　答案：C

三、听下列课文，并做练习

课文一

王　欣：唐老师，最近忙吗？

唐老师：可忙了！一些大学生要毕业了，学校让我帮他们联系一些工作单位。

王　欣：学生应该自己主动去找工作啊，怎么要学校帮他们找呢？

唐老师：这样做，可以给他们多提供一些工作的机会吧。

王　欣：那你已经联系了多少单位了？

唐老师：我刚开始联系。可接待我的单位中，只有几家表示需要刚毕业的学生。

王　欣：现在许多单位都需要有工作经验的人。

唐老师：是啊！没有工作过的学生，确实很难找到工作。

王　欣：我想，学生除了学习以外，还应该利用假期去打工，这样以后找工作就比较容易。

唐老师：王欣，那你大学期间打过工吗？

王　欣：当然。我毕业前就去当过导游，所以一毕业就在旅行社找到了工作。

唐老师：你的想法不错，我该向学校建议一下。

练习

（一）听两遍，选择正确答案

1. 唐老师最近在做什么事？
   A. 帮学生联系工作单位
   B. 接待毕业的学生
   C. 让学生自己找工作　　　　　　　　　　　　答案：A

2. 学校为什么让唐老师负责这件事？
   A. 学生不愿意去找工作
   B. 给学生提供找工作的机会
   C. 他愿意做接待的工作　　　　　　　　　　　答案：B

3. 许多单位都需要怎么样的毕业生？
   A. 刚毕业的　　　B. 工作过的　　　C. 主动找工作的　　答案：B

4. 王欣认为大学生应该利用假期做什么？
   A. 继续努力学习
   B. 找容易的工作
   C. 自己去工作一下　　　　　　　　　　　　　答案：C

5. 王欣在大学期间做过什么？
   A. 去旅行社工作　　B. 联系工作单位　　C. 请别人当导游　　答案：A

（二）再听一遍，回答问题

1. 学校让唐老师负责做什么事？
2. 唐老师认为做这件事有什么好处？
3. 许多单位都需要刚毕业的大学生吗？
4. 王欣认为大学生在学习期间还应该做什么？
5. 为什么王欣一毕业就能找到工作？

课文二

李阳：黄英，你们家的新房子可真漂亮啊！
黄英：我们家是过年前才搬进这套新房子的，到现在还不到一个月呢。
李阳：一共是几室几厅？
黄英：三室一厅，你参观一下吧。
李阳：那电视柜上放着的电视机是新的吧？
黄英：是的，是春节的前几天买的。买来后，正好能看春节联欢晚会的节目。
李阳：这墙上挂着的画儿不错，也是买的吗？
黄英：不是，是我自己画的。李阳，你看怎么样，画得不错吧？
李阳：我刚称赞了一句，你就得意了！
黄英：那当然啦！你再看看这花瓶上画着的花草，也是我画的。
李阳：你别得意了！什么时候我把我画的拿给你看看，你就知道你画得怎么样了。

练习

（一）听两遍，辨别对错

1. 黄英家刚搬进新房子。　　　　　　（对）
2. 电视机是春节时买的。　　　　　　（错）
3. 墙上挂着的画也是买的。　　　　　（错）
4. 黄英称赞自己画得不错。　　　　　（对）
5. 李阳认为自己画得比黄英好。　　　（对）

（二）再听一遍，回答问题
1. 黄英家是什么时候搬进新房子的？
2. 黄英家的电视柜上放着什么？墙上挂着什么？
3. 黄英觉得自己画的画儿怎么样？
4. 李阳称赞了黄英画的画儿了吗？
5. 李阳为什么让黄英别得意？

第七课

一、听下列句子，选择正确答案

1. 黄英，我现在去买菜。如果客人来了，你先去招呼一下，好吗？

    问：说话人让黄英做什么？

    A. 接待客人　　　　B. 向客人打招呼　　C. 请客人吃菜　　　答案：A

2. 这次学校组织旅游，明天报名就结束了，你再不去报名就晚了。

    问：明天不去报名会怎么样？

    A. 没有人组织活动　B. 旅游就结束了　　C. 不能去旅游　　　答案：C

3. 我午饭吃了烤鸭，还吃了十几个小笼包，吃得我差点儿直不起腰来。

    问：说话人吃了午饭后觉得怎么样？

    A. 不好吃　　　　　B. 太饱了　　　　　C. 腰很疼　　　　　答案：B

4. 大永，电脑就在我的书桌上放着。这是我房间的钥匙，你自己进去用吧。

    问：大永想做什么？

    A. 用电脑　　　　　B. 开门进房间　　　C. 借钥匙　　　　　答案：A

5. 王欣，这些荤菜都有点儿甜，你要是不喜欢吃甜的，那就只能吃素的了。

    问：这句话是什么意思？

    A. 素的菜比荤菜甜　B. 王欣喜欢吃荤菜　C. 素的菜不甜　　　答案：C

6. 芳子，我已经吃得太多了，再喝碗热汤吧。麻烦你把汤递给我，好吗？

    问：芳子可能会做什么？

    A. 把汤给说话人　　B. 喝一碗热汤　　　C. 让别人麻烦的事　答案：A

7. 李阳，你不是看了电视台直播的春节晚会吗，怎么不知道节目丰富不丰富？

    问：李阳不知道的是什么？

    A. 电视台直播了晚会

    B. 晚会的节目多不多

    C. 电视台会直播春节晚会　　　　　　　　　　　　　　　　答案：B

8. 黄英，你去年刚买了手机，过年前又换了一个，现在又有新的了，加在一起有几个了？

   问：黄英买过几个手机？

   A. 两个　　　　　　B. 三个　　　　　　C. 四个　　　　　答案：B

9. 昨天我们去唐老师家做客，他做了满满一桌子菜招待我们，每道菜都好吃极了！

   问：唐老师是怎么招待我们的？

   A. 做了很多道菜

   B. 只做了几道菜

   C. 让我们尝尝一道菜　　　　　　　　　　　　　　　　　答案：A

10. 哈利，你吃饭的时候不要又是抽烟，又是喝酒，这对你的身体有什么好处呢？

    问：哈利吃饭时的习惯是什么？

    A. 只抽烟不喝酒　　　B. 只喝酒不抽烟　　C. 抽烟和喝酒　　答案：C

二、听下列对话，选择正确答案

1. 男：丽莎，你们是下午一点开始排练节目的吗？

   女：是啊！现在都三点了，可能还要一个小时才能结束吧。

   问：丽莎她们排练节目可能要几个小时？

   A. 两个小时　　　　B. 三个小时　　　　C. 四个小时　　　答案：B

2. 女：如果有外国朋友要来你家做客，你怎么招待他们呢？

   男：就按照一般中国家庭用餐的习惯，做三四道菜和一个汤吧。

   问：男的会怎样招待外国朋友？

   A. 做特别的菜　　　B. 做一桌子菜　　　C. 做普通的菜　　答案：C

3. 女：哈利，别的同学都回国过寒假了，你怎么还在图书馆看书啊？

   男：听说上海的春节特别热闹，所以我想感受一下春节的气氛。

   问：哈利的打算是什么？

   A. 回国过寒假　　　B. 去图书馆看书　　C. 留在上海过春节　答案：C

4. 男：黄佳佳,你们国家的冬天也这么冷吗?
   女：我们国家跟这儿不同,没有冬天,许多时候都跟这儿的夏天一样。
   问：关于黄佳佳的国家,我们可以知道什么?
   A. 跟这儿不同　　　　B. 冬天不冷　　　　C. 不在热带　　　答案：A

5. 女：你看,这辆车挺漂亮的,你就买这辆吧。
   男：我不是什么重要人物,也并不是富人,要买这么贵的车干什么?
   问：男的要买怎样的车?
   A. 重要人物的车　　　B. 很贵的车　　　　C. 普通的车　　　答案：C

6. 男：你来中国后,游览过的城市加在一起有多少了?
   女：我几乎每个有名的城市都去过了,但一共有多少,我还得想想。
   问：女的去过的城市多不多?
   A. 不太多　　　　　　B. 非常多　　　　　C. 只有几个　　　答案：B

7. 女：小李,你家在几楼啊?我已经到4楼了。
   男：再爬两层楼就到了。我家门上挂着一幅画,门是开着的,你上来后不用按门铃。
   问：从这段话中,我们可以知道什么?
   A. 小李家不在4楼
   B. 小李家的墙上挂着画
   C. 门是关着的　　　　　　　　　　　　　　　　　　　　　　答案：A

8. 女：大永,我刚买了一些肉,是炒还是炸呢?
   男：烤吧。我们韩国人都喜欢吃烤肉,那味道特别香!
   问：大永想吃怎样的肉?
   A. 炒的肉　　　　　　B. 烤的肉　　　　　C. 炸的肉　　　　答案：B

9. 女：哈利,听说今天唐老师称赞你了,为什么呢?
   男：那是因为我上次考试不怎么样,可这次考试得了第一名。
   问：唐老师为什么称赞哈利?
   A. 他上次考得不错
   B. 他两次都考了第一名
   C. 他这次考得很好　　　　　　　　　　　　　　　　　　　答案：C

第七课

10. 男：昨天你去芳子那儿时，她说了吃小笼包时出的洋相吗？

    女：她说了。我听了后笑得差点儿直不起腰来，她怎么不知道小笼包很烫呢？

    问：芳子出的洋相让女的觉得怎么样？

    A. 直不起腰来　　　B. 小笼包太烫了　　　C. 太有意思了　　　答案：C

三、听下列课文，并做练习

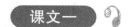

今天的考试是上午九点钟开始，可是丽莎迟到了。当她走进教室时，看见同学们都正在不停地写，于是就赶快坐了下来。然后，她看了一下题目，觉得并不是很难，而且其中有一些是以前见过的，所以她并不紧张。可到了10点50分的时候，还有五个问题没有回答完，丽莎急得差点儿哭了，因为她以为考试是11点结束。可是，她刚回答完一个问题，就听见老师说："现在离考试结束还有半个小时。"原来，考试是11点半才结束。最后，丽莎终于回答完了这些问题。

练习

（一）听两遍，选择正确答案

1. 丽莎到教室后看到了什么？

    A. 考试已经开始了

    B. 有人坐了下来

    C. 已经到九点钟了　　　　　　　　　　　　　　　　　　答案：A

2. 丽莎做题目时为什么不紧张？

    A. 这些题目她都做过

    B. 她喜欢考试

    C. 有些题目比较简单　　　　　　　　　　　　　　　　　答案：C

3. 10点50分的时候，丽莎怎么样了？

    A. 做完了题目

    B. 还没做完题目

    C. 刚回答完一个问题   答案：B

4. 丽莎为什么急得差点儿哭了？

    A. 考试结束了

    B. 有些题目不会做

    C. 以为自己做不完题目了   答案：C

5. 考试应该是什么时候结束？

    A. 11点   B. 11点10分   C. 11点30分   答案：C

（二）再听一遍，回答问题

    1. 丽莎是什么时候到教室的？

    2. 丽莎觉得题目难吗？

    3. 丽莎为什么差点儿哭了？

    4. 老师说考试几点结束？

    5. 最后丽莎做完了题目吗？

课文二

    昨天，唐老师请丽莎去他家吃午饭。丽莎高兴极了，因为她从来没去中国家庭做过客。一吃完早饭，她就去花店买了一束花，准备送给唐老师。

    十一点半，丽莎到了唐老师家。唐老师一家人见她来了，都很热情地跟她打招呼，还称赞她买的花很漂亮。吃饭时，唐老师的爱人不停地招呼她吃菜，还不断说："没什么菜，你多吃一点儿。"这让丽莎觉得有点儿奇怪，桌子上不是放着十几道菜吗，怎么说没什么菜呢？唐老师发现丽莎不太理解，就告诉她："中国人招待客人吃饭时，虽然准备了满满一桌子菜，可还是爱说'没什么菜'，这只是一种表示客气的方式。" 这时，丽莎才明白了。

丽莎又吃菜又喝汤，吃得几乎直不起腰来。下午两点，丽莎要走了，唐老师一家人都出来送她，一直把她送到了楼下。这一天，她过得非常愉快。

练习

（一）听两遍，辨别对错

1. 唐老师邀请丽莎到他家吃了饭。　　　　（对）
2. 丽莎以前去中国人家里做过客。　　　　（错）
3. 唐老师准备的饭菜并不多。　　　　　　（错）
4. 唐老师的爱人不停地让丽莎吃菜。　　　（对）
5. 这顿饭丽莎吃得饱极了。　　　　　　　（对）

（二）再听一遍，回答问题

1. 丽莎以前去中国人家里做过客吗？
2. 唐老师的一家人称赞了什么？
3. 吃饭时，唐老师的爱人不停地做什么？
4. 让丽莎觉得不理解的是什么？
5. 这顿饭丽莎吃得怎么样？

第八课

一、听下列句子，选择正确答案

1. 小李是北方人，他的饮食习惯当然会跟南方人有差别。

   问：小李的饮食习惯有什么特点？

   A. 跟南方人一样

   B. 跟南方人不同

   C. 跟南方人没有差别 　　　　　　　　　　　　　　　　　　答案：B

2. 你不是说北方的菜偏咸吗，我怎么觉得这儿的菜不咸呢？

   问：说话人觉得这儿的菜怎么样？

   A. 味道并不咸　　　　B. 味道偏咸　　　　C. 味道比较咸　　答案：A

3. 你看，我做的这件衣服怎么样，跟商店里买的没什么差别吧？

   问：说话人认为自己做的衣服怎么样？

   A. 几乎跟买的一样　　B. 比买的差　　　　C. 跟买的很不一样　答案：A

4. 这两个地方的地理环境相同，气候也没有什么不一样。

   问：关于这两个地方，下面哪一句是不对的？

   A. 地理环境一样　　　B. 气候不一样　　　C. 气候相同　　　答案：B

5. 上海是个开放的大城市，所以很多饭店里的菜不都是上海本地菜。

   问：上海很多饭店的菜有什么特点？

   A. 都是本地菜

   B. 都不是本地菜

   C. 本地菜和外地菜都有 　　　　　　　　　　　　　　　　　答案：C

6. 这些衣服不都是夏天穿的吗，你怎么说没有夏天穿的衣服呢？

   问：这些衣服是什么衣服？

   A. 都不是夏天穿的　　B. 都是夏天穿的　　C. 有的是夏天穿的　答案：B

7. 服务员，请给我来点儿辣椒，这面条儿一点味道都没有。

　　问：说话人觉得这面条儿怎么样？

　　A. 味道太辣了　　　B. 味道很不错　　C. 没有辣的不好吃　　　答案：C

8. 佳佳，你怕辣就不要吃四川菜嘛！来，喝杯水，会好一点儿。

　　问：佳佳刚才做了什么？

　　A. 吃了辣的菜　　　B. 吃了酸的菜　　C. 喝了一杯水　　　　答案：A

9. 这面条比较香，不是因为里面有辣椒，而是因为有葱和蒜那样的东西。

　　问：这面条为什么会比较香？

　　A. 里面放了辣椒　　B. 里面有葱和蒜　　C. 里面有辣椒和葱蒜　答案：B

10. 你知道我不喜欢吃酸的菜，怎么放了这么多醋啊？

　　问：从这句话中，我们可以知道什么？

　　A. 这个人喜欢吃醋

　　B. 菜里放了许多醋

　　C. 菜的味道不太酸　　　　　　　　　　　　　　　　　　　　答案：B

二、听下列对话，选择正确答案

1. 男：芳子，听说你暑假期间去了北京，能谈谈你的印象吗？

　　女：可以。那次经历给我留下了深刻的印象，明天我给你详细介绍一下吧。

　　问：芳子没有忘记什么？

　　A. 暑假时要去北京

　　B. 给男的介绍北京

　　C. 去北京的经历　　　　　　　　　　　　　　　　　　　　　答案：C

2. 男：哈利，我说的那部惊险电影，你看了吗？

　　女：看了。但看到那些惊险的动作时，我都不敢睁开眼睛看。

　　问：女的看这部电影时觉得怎么样？

　　A. 没有意思　　　　B. 感到紧张　　　C. 睁不开眼睛　　　　答案：B

3. 男：黄佳佳，明天我们去看杂技表演，怎么样？

　　女：好啊！我只是在电视上看过杂技表演，还从来没去现场看过呢。

　　问：黄佳佳从来没看过什么？

　　A. 精彩的杂技表演

　　B. 电视里的杂技表演

　　C. 现场的杂技表演　　　　　　　　　　　　　　　　　　　　答案：C

4. 女：这儿有这么多不同风味的餐厅啊！

　　男：北京是个国际化的城市嘛！所以，北京人和外地人开的餐厅都有。

　　问：这儿的餐厅有什么特点？

　　A. 不都是北京人开的

　　B. 都是外地人开的

　　C. 都是相同风味的　　　　　　　　　　　　　　　　　　　　答案：A

5. 女：我喜欢一边做作业，一边看电视。你也是这样吗？

　　男：怎么能看电视呢，这不会分散注意力吗？

　　问：男的做作业时会怎么样？

　　A. 分散注意力　　　　　B. 看电视节目　　　C. 集中注意力　　答案：C

6. 女：哈利，我们还是去吃日本菜吧，我不太喜欢吃很辣的菜。

　　男：四川菜不都是辣的，我们可以点一些不辣的菜嘛。

　　问：从对话中，我们可以知道什么？

　　A. 他们决定吃日本菜

　　B. 日本菜都很辣

　　C. 有的四川菜不辣　　　　　　　　　　　　　　　　　　　　答案：C

7. 男：现在，中国的女青年越来越开放了，很多以前不敢穿的衣服，现在都穿上了。

　　女：这有什么可奇怪的！

　　问：现在中国的女青年怎么了？

　　A. 很多衣服都敢穿

　　B. 很多衣服不敢穿

　　C. 不敢穿以前的衣服　　　　　　　　　　　　　　　　　　　答案：A

8. 女：金大永，上课了！你怎么还不把这些照片收起来啊？
   男：哦，不好意思！我把注意力集中在这上面了，没看见老师进来。
   问：金大永没有做什么？
   A. 看照片　　　　B. 把照片收好　　C. 去上课　　　　　答案：B

9. 男：我去看杂技表演的时候，能带照相机吗？
   女：可以。但你别用闪光灯，照相机的闪光会分散演员注意力的。
   问：演员见到照相机的闪光会怎么样？
   A. 没办法表演　　B. 集中注意力　　C. 影响表演的效果　答案：C

10. 女：听说昨天你们的演出很精彩，是吗？
    男：我们演出时，剧场里坐满了人，还有人站着看，你说怎么会不精彩呢？
    问：从对话中可以知道什么？
    A. 看演出的人很多
    B. 演出不会精彩
    C. 观众都站着看　　　　　　　　　　　　　　　　　答案：A

三、听下列课文，并做练习

课文一

李阳：王欣，听说昨天你去剧场看了服装表演，精彩吗？

王欣：太精彩了！我以前从来没看过现场的服装表演，只是在电视上看过。

李阳：那些服装一定很漂亮吧？

王欣：这还用说？那些服装太吸引人了！

李阳：你看了以后，一定也想做一些那样的衣服吧？

王欣：想是想，可做那样的服装很贵呀，我哪有那么多钱啊！

李阳：那就只能拍一些照片，回来后在家里再看看了。

王欣：是啊！李阳，你看，这就是我拍的，效果还可以吧？

李阳：我看看。嗯，确实不错！可是有几张不太清楚。

王欣：那是因为拍这几张时没用闪光灯，所以影响了一些效果。

练习

（一）听两遍，选择正确答案

1. 王欣从来没看过什么？
   A. 精彩的服装表演
   B. 现场的服装表演
   C. 电视里的服装表演　　　　　　　　　　　　　　答案：B

2. 王欣觉得那些服装怎么样？
   A. 不都是吸引人的
   B. 都不是很贵的
   C. 都是很漂亮的　　　　　　　　　　　　　　　　答案：C

3. "我哪有那么多钱啊？"是什么意思？
   A. 我几乎没有钱　　B. 我怎么会没有钱　C. 我的钱不多　　答案：C

4. 王欣拍的照片怎么样？
   A. 不都是很清楚的
   B. 都不太清楚
   C. 都是很清楚的　　　　　　　　　　　　　　　　答案：A

5. 王欣没用闪光灯拍的照片怎么样？
   A. 效果不太好
   B. 效果也不错
   C. 不知道效果怎么样　　　　　　　　　　　　　　答案：A

（二）再听一遍，回答问题

1. 王欣以前看过现场的服装表演吗？
2. 王欣觉得昨天看的服装表演怎么样？
3. 王欣能做跟服装表演一样的衣服吗？
4. 李阳认为王欣拍的照片怎么样？
5. 有些没用闪光灯拍的照片怎么样？

第八课

> 课文二

　　上海是一座国际化的大城市,它不仅有中国的传统建筑,还有不少西方的建筑。在上海,最热闹的地方要算是南京路了,特别是外滩,那美丽的夜景吸引了许多人。上海也是一个开放的城市,现在除了本地人以外,内地来的人和外国人也越来越多了。上海话很有特色,有些外国人对上海话很感兴趣,还想学呢。在上海,全国各地和世界各国的东西几乎都有,所以生活非常方便。很多来过上海的外国人都说,上海给他们留下了深刻的印象。

练习

（一）听两遍,辨别对错

　　1. 上海是国际城市,也是文化名城。　　　　　　（对）

　　2. 上海有西方建筑,但是没有传统建筑。　　　　（错）

　　3. 上海最热闹的地方是豫园。　　　　　　　　　（错）

　　4. 南京路的夜景很美。　　　　　　　　　　　　（对）

　　5. 上海外地人很多,外国人也特别多。　　　　　（对）

（二）再听一遍,回答问题

　　1. 上海是一座怎样的城市?

　　2. 人们觉得外滩的夜景怎么样?

　　3. 有些外国人为什么想学上海话?

　　4. 为什么说在上海生活很方便?

　　5. 来过上海的外国人对上海的印象怎么样?

第九课

一、听下列句子,选择正确答案

1. 小姐,这种样式的衣服还有别的颜色吗?这个颜色不太合适。
   问:对于这种衣服,说话人想做什么?
   A. 换其他样式　　　B. 换其他尺寸　　　C. 换其他颜色　　　答案:C

2. 你看这孩子,一听到那位演员明天要来,就兴奋得跳起来了。
   问:关于这个孩子,我们可以知道什么?
   A. 跳得很高　　　B. 喜欢那位演员　　C. 常常容易激动　　答案:B

3. 李阳,你说话小声点儿,没看到别人都在看书吗?
   问:说话人要李阳怎么做?
   A. 看别人看书　　B. 别大声说话　　C. 努力学习　　　　答案:B

4. 佳佳,我跟你说过好多次了,吃药时不要喝茶,这样会影响药的效果的。
   问:佳佳刚才没有做什么?
   A. 说话　　　　　B. 喝茶　　　　　C. 吃药　　　　　　答案:A

5. 小李,快点儿!参加晚会的演员都来了,你怎么还没穿好表演服呢?
   问:小李应该马上做什么?
   A. 去晚会的现场　　B. 去看表演的节目　C. 穿上表演的服装　答案:C

6. 金大永,上课的时候不要总是看外面,要集中注意力听老师讲课。
   问:说话人让金大永不要做什么?
   A. 影响老师讲课　　B. 分散注意力　　C. 听老师讲课　　　答案:B

7. 芳子看了王欣穿的旗袍后,对中国旗袍的兴趣更加浓了。
   问:关于芳子,我们可以知道什么?
   A. 她以前就对旗袍感兴趣
   B. 她现在才喜欢上了旗袍
   C. 她以前从来没见过旗袍　　　　　　　　　　　　　　答案:A

8. 昆明的气候很好，不冷也不热，一年四季都像春天一样，这儿当然不如昆明。

   问：昆明的气候怎么样？

   A. 四个季节都很暖和

   B. 有时冷有时热

   C. 没有这儿的气候好   答案：A

9. 黄英，你这件衣服怎么这样啊！你自己对着镜子照照，是谁给你量的尺寸啊！

   问：黄英穿的这件衣服怎么样？

   A. 长短合适   B. 大小正好   C. 尺寸不对   答案：C

10. 哈利对那部中国电影很感兴趣，他说能看得懂，但对其中的对话听得不太明白。

    问：哈利看那部电影时觉得怎么样？

    A. 不理解意思   B. 听不太懂对话   C. 几乎看不懂   答案：B

二、听下列对话，选择正确答案

1. 男：丽莎，你觉得那条商业街怎么样？

   女：很有特色，可商店里服装的样式都比较传统，没什么特别的。

   问：丽莎认为那些服装怎么样？

   A. 都很普通   B. 都有特别   C. 没有传统特色   答案：A

2. 女：我按照你说的方法，每天都运动。你看，我现在比以前瘦了一些吧？

   男：我看你还是有点儿偏胖，你自己对着镜子照照，是不是这样？

   问：男的认为女的现在怎么样？

   A. 比以前胖   B. 还比较瘦   C. 还比较胖   答案：C

3. 男：黄佳佳，你昨天晚上表演的效果怎么样？

   女：结束的时候，观众们都站起来长时间地鼓掌，你说这效果怎么样呢？

   问：女的在表演结束后觉得怎么样？

   A. 时间太长了   B. 非常得意   C. 效果不怎么样   答案：B

4. 女：哈利，听说你的女朋友是个电影演员，她长得怎么样啊？

   男：她长得不胖不瘦，在我的眼里，漂亮得就像花儿一样。

   问：哈利认为自己的女朋友怎么样？

   A. 很美丽　　　　　B. 很有名　　　　　C. 像电影演员　　　　　答案：A

5. 男：我想派小王去机场接唐老师，你看怎么样？

   女：虽然你是老板，可唐老师是你以前的老师，你怎么能不亲自去接呢？

   问：女的认为应该谁去接唐老师？

   A. 小王　　　　　B. 自己　　　　　C. 男的　　　　　答案：C

6. 女：师傅，您看我穿什么样式的旗袍比较合适？

   男：我先给你量一下尺寸吧！

   问：女的要做什么？

   A. 量尺寸　　　　　B. 买旗袍　　　　　C. 换样式　　　　　答案：B

7. 女：大永，你不是喜欢看电影吗？怎么不去看这部电影呢？

   男：我不是对电影不感兴趣，而是不喜欢这部电影里的演员。

   问：大永为什么不看这部电影？

   A. 他不喜欢看电影

   B. 不喜欢里面的演员

   C. 演员演得不好　　　　　答案：B

8. 男：这小笼包是哪儿来的？让我尝尝。嗯，好吃，好吃！

   女：这是我亲自帮你去买的，你怎么只是吃，却不向我表示谢意呢？

   问：女的要让男的做什么？

   A. 看这本书　　　　　B. 表示高兴　　　　　C. 感谢她　　　　　答案：C

9. 女：昨天你去参观博物馆时拍了照吗？

   男：我刚想拍，就有人走过来说不能拍，我只好把照相机收起来了。

   问：男的参观博物馆时没有做什么？

   A. 拍照　　　　　B. 拿出照相机　　　　　C. 带照相机　　　　　答案：A

10. 女：你先后换了多少次工作了，是没有找到过合适的工作吗？

    男：不是这么回事儿。工作经历多一点儿，可以让自己的知识更丰富一些嘛！

    问：男的常常换工作是因为什么？

    A. 觉得那些工作都不好

    B. 没有找到合适的工作

    C. 想丰富自己的知识　　　　　　　　　　　　　　　　答案：C

三、听下列课文，并做练习

课文一

丽莎：哈利，今晚有一部惊险电影，我不太敢看，你跟我一起去看吧。

哈利：好啊！我对惊险片和动作片的兴趣特别浓，又紧张又精彩，多好看啊！

丽莎：是吗？我从来没看过惊险片，所以今晚想去看一看。

哈利：丽莎，那你平时看的都是什么电影，爱情片吗？

丽莎：你说得不错，那些爱情片特别吸引人。你呢？

哈利：那些爱情片里的主人公又是哭又是笑的，我可不喜欢。

丽莎：是吗？那我们的爱好不太一样啊！

哈利：男女不同嘛！那我们一起去看今晚的电影吧，也许你会喜欢上惊险片的。

丽莎：可能会吧，那我们下次一起去看爱情片吧。

哈利：还是你自己去吧！

练习

（一）听两遍，选择正确答案

　　1. 丽莎一个人去看这部电影会怎么样？

　　　　A. 感到紧张　　　B. 觉得有意思　　　C. 又哭又笑　　　答案：A

2. 丽莎从来没看过什么电影？

    A. 惊险的电影   B. 谈爱情的电影   C. 吸引人的电影   答案：A

3. 哈利对怎样的电影不感兴趣？

    A. 又哭又笑的   B. 紧张的   C. 动作片   答案：A

4. 丽莎认为自己会喜欢上惊险片吗？

    A. 不可能   B. 有可能   C. 不知道   答案：B

5. 下次谁会去看爱情片？

    A. 哈利   B. 丽莎   C. 哈利和丽莎   答案：B

（二）再听一遍，回答问题

1. 丽莎为什么让哈利陪她去看电影？
2. 哈利为什么喜欢看惊险片？
3. 丽莎对什么电影最感兴趣？
4. 哈利为什么不喜欢看爱情片？
5. 今天晚上他们去看什么电影？

课文二

李阳：王欣，你去哪儿了啊，提了这么多东西？

王欣：我逛街去了，买了几件衣服、一双鞋子，还有一些吃的东西。

李阳：哦！我看看。这些东西都是给你自己买的？

王欣：不都是。吃的东西是给亲戚朋友买的，放假时带回去送给他们。

李阳：这件旗袍在哪儿买的？样式很漂亮啊！

王欣：哦，是在一家专门做旗袍的老店买的。我从来没穿过旗袍，所以想试一试。

李阳：穿旗袍特别讲究尺寸是不是合适，你试穿了吗？

王欣：我穿上后对着镜子照了照，不大不小，正好。

李阳：你不胖不瘦，穿起来一定很好看。在那家店买旗袍的人多吗？

王欣：多极了！有些人还排队买那些样式漂亮的旗袍，好像东西不要钱一样。

第九课

练习

（一）听两遍，辨别对错

1. 这些东西都是王欣给自己买的。　　　　（错）
2. 有些东西是要送给亲戚朋友的。　　　　（对）
3. 这件旗袍是王欣专门请人做的。　　　　（错）
4. 王欣在镜子前试穿了这件旗袍。　　　　（对）
5. 王欣说这件旗袍的尺寸很合适。　　　　（对）

（二）再听一遍，回答问题

1. 王欣买的东西都是给她自己的吗？
2. 王欣的那件旗袍是哪儿来的？
3. 穿旗袍特别讲究什么？
4. 王欣穿上旗袍后做了什么？
5. 王欣穿上旗袍会很好看吗？

第十课

一、听下列句子,选择正确答案

1. 金大永去看了房屋中介公司给他找的一处房子,觉得房子的条件很不错,就租下了。

   问:关于金大永,我们可以知道什么?

   A. 他还要找房子

   B. 他租了看的房子

   C. 他看的房子不好   答案:B

2. 有的人只喜欢听音乐,有的人只喜欢运动,也有的人只喜欢看书,而我什么都喜欢,就是不喜欢运动。

   问:说话人不愿意做的是什么?

   A. 运动   B. 听音乐   C. 看书   答案:A

3. 平时小李是个非常开心的人。不过,从他的脸上来看,今天他好像有什么不高兴的事儿。

   问:关于小李,下面哪种说法是正确的?

   A. 他今天很开心   B. 他平时不太开心   C. 他今天好像不开心 答案:C

4. 这次去北京,我们只飞了两个小时。从时间上看,比上次快了差不多半个小时。

   问:上次"我们"大约飞了几个小时?

   A. 两个小时   B. 一个半小时   C. 两个半小时   答案:C

5. 两个月的假期已经度过了一半了。不过,在这期间我去游览了不少地方。

   问:关于假期,我们可以知道什么?

   A. 只有一个月了   B. 已经结束了   C. 他没出去玩儿   答案:A

6. 坐在我旁边的那个人很爱说话，后来我们渐渐熟悉了，下车时还成了好朋友。

   问：说话人和那个人是什么关系？

   A. 以前就熟悉的朋友

   B. 在车上认识的朋友

   C. 下车后遇到的朋友 答案：B

7. 哈利在这儿度过了半年多以后，才渐渐熟悉了周围的环境。

   问：哈利对周围环境熟悉得快不快？

   A. 很快　　　　　B. 不太慢　　　　　C. 不太快　　　答案：C

8. 这个房间的面积还可以，来七八个客人也不会显得挤，只是家具不太全。

   问：这个房间有什么问题？

   A. 面积显得不太大

   B. 不是什么家具都有

   C. 放了家具就很挤 答案：B

9. 李阳，现在房子的价格并不贵，你已经工作好几年了，怎么还不具备买房子的条件呢？

   问：说话人认为李阳可以怎么样？

   A. 看看房子的价格

   B. 工作几年后买房子

   C. 现在就买房子 答案：C

10. 我不是不想去留学，可现在留学的费用太贵了，等我有了钱再说吧。

    问：说话人是什么意思？

    A. 现在没钱去留学

    B. 现在不想去留学

    C. 现在有钱去留学 答案：A

二、听下列对话,选择正确答案

1. 男:房屋中介公司给你找的房子,你去看过了吗?
   女:看过了。那房子在马路旁边,价格不算贵,买东西也方便,可就是太吵了!
   问:女的看过那房子后觉得怎么样?
   A. 价格不算便宜　　B. 环境不算好　　C. 出去不算方便　　答案:B

2. 女:李阳打篮球时的动作挺漂亮的,他是不是打得不错?
   男:他打得有什么好的?没有一个球能投进去。
   问:男的认为李阳打篮球打得怎么样?
   A. 打得很好　　B. 动作不好看　　C. 打得不好　　答案:C

3. 男:刚才在这儿演奏音乐的那些人去哪儿了?
   女:他们在这儿太吵了!我没有办法看书,所以我把他们赶走了。
   问:女的刚才做了什么?
   A. 演奏音乐
   B. 把看书的人赶走了
   C. 让演奏音乐的人离开　　答案:C

4. 男:在这个电影院附近,要找个停车的地方真的很难。
   女:走过来才十几分钟的路,你为什么一定要开车来呢?
   问:女的认为来这儿不需要什么?
   A. 走过来　　B. 开车　　C. 找停车的地方　　答案:B

5. 女:别人都去旅游了,你怎么还在这儿?
   男:出去旅游首先要有钱,其次还要有时间。这两个条件我都不具备,怎么能去呢?
   问:男的为什么还在这儿?
   A. 没有钱和时间　　B. 有钱,但没时间　　C. 有时间,但没钱　　答案:A

6. 女:唉,我真希望我的头发能更长一些。
   男:佳佳,那次要是你听我的话,不把头发剪短就好了。
   问:现在佳佳的头发怎么了?
   A. 没有剪短　　B. 更长了　　C. 剪短了　　答案:C

7. 女：你买的这件衣服尺寸很合适，可颜色显得不太好看。
   男：我也觉得是这样。看来，要买一件真正满意的衣服还真不容易。
   问：男的觉得这件衣服怎么样？
   A. 尺寸不合适　　　　B. 颜色比较好　　　C. 不是很满意　　答案：C

8. 女：你这个房间的面积不大，为什么买了这么多家具呢？
   男：放这么多家具的确太挤了！你要是喜欢，就把这个柜子拿走吧。
   问：男的可能会做什么？
   A. 让女的买个柜子
   B. 把一个柜子送给女的
   C. 再拿两个柜子来　　　　　　　　　　　　　　　　　　答案：B

9. 男：这些点心是你买的吧，怎么还不吃掉呢？
   女：这些点心是别人的，我怎么敢把它们吃掉呢。
   问：女的为什么没有吃这些点心？
   A. 不敢吃　　　　　　B. 别人吃掉了　　　C. 要给男的吃　　答案：A

10. 女：你们旅游回来后，学校还有什么活动？
    男：除了有划船比赛、篮球比赛以外，学校还要举行中外学生联欢晚会。
    问：最近学校不举行的活动是什么？
    A. 旅游　　　　　　　B. 体育比赛　　　　C. 联欢晚会　　　答案：A

三、听下列课文，并做练习

课文一

李阳：芳子，吃过晚饭了吗？

芳子：没有。我现在去教室，不吃晚饭了。

李阳：身体不舒服吗？

芳子：不是。我正在减肥呢，已经好几天没有吃晚饭啦！早上和中午也只是喝点儿牛奶，吃几块饼干。

李阳：这样减肥对身体可不好，你要换一种方法才行。

芳子：李阳，那你有什么好方法呢？

李阳：如果你要减肥，那首先就需要多运动。其次，还要多吃蔬菜多喝水。

芳子：可是我想瘦得快一点啊！
李阳：太快减肥通常会影响健康的，如果生病了，怎么能继续学习呢？
芳子：嗯，你说得没错。那我现在就去吃晚饭，晚上再去操场跑步。

练习

（一）听两遍，选择正确答案

1. 芳子为什么不吃晚饭？
   A. 没有时间　　B. 要去教室　　C. 要减肥　　　　答案：C
2. 芳子早饭和午饭吃了什么？
   A. 蔬菜和水　　B. 没有吃　　C. 牛奶和饼干　　答案：C
3. 李阳认为芳子应该怎样减肥？
   A. 多做运动　　B. 少吃蔬菜多喝水　C. 多吃蔬菜少喝水　答案：A
4. 太快减肥会怎么样？
   A. 没有效果　　B. 影响身体　　C. 再次长胖　　答案：B
5. 现在芳子决定怎样做？
   A. 接受李阳的建议
   B. 不减肥了
   C. 仍然跟以前一样　　　　　　　　　　　　　　　答案：A

（二）再听一遍，回答问题

1. 这几天芳子是用什么方法减肥的？
2. 芳子为什么用这种方法减肥？
3. 李阳建议芳子怎样减肥？
4. 太快减肥为什么不好？
5. 芳子接受了李阳的建议吗？

课文二

丽莎：哈利，我的手机最近不能用了，不知是怎么了。

第十课

哈利：让我看一下。你这手机用的时间太长了,而且好像摔过了,是吗?
丽莎：是的,这手机摔过几次了,可能是摔坏了。不知道还能不能修好?
哈利：丽莎,我看,你这手机要修的话,可能要换掉很多东西,这要花很多钱的,不如去买个新的吧。
丽莎：可能不会吧?
哈利：那你把它拿到修理店里去看看吧。
丽莎：好,我拿去试一试。如果要花很多钱,那我就买个新的。

练习

（一）听两遍,辨别对错

1. 丽莎的手机已经旧了。　　　　　　（对）
2. 丽莎的手机可能是摔坏了。　　　　（对）
3. 丽莎的手机已经换掉了。　　　　　（错）
4. 哈利建议丽莎买新的手机。　　　　（对）
5. 丽莎就决定不修手机了。　　　　　（错）

（二）再听一遍,回答问题

1. 丽莎的手机为什么不能用了?
2. 丽莎想马上买新的手机吗?
3. 哈利认为丽莎的手机值得修理吗?
4. 丽莎决定把手机拿去修理吗?
5. 丽莎会不会买新的手机?

第十一课

一、听下列句子，选择正确答案

1. 哈利刚学汉语的时候，如果老师说得有点儿快，他就听不懂，可现在渐渐能听懂了。

   问：哈利现在能听懂怎样的汉语？

   A. 老师说得慢的

   B. 老师说得有点儿快的

   C. 老师说得非常快的　　　　　　　　　　　　　　　　　答案：B

2. 我刚学游泳时并没有兴趣，可后来慢慢地喜欢上了。现在，我已形成了游泳的习惯。

   问：说话人游泳的习惯是怎样形成的？

   A. 刚学游泳就形成了

   B. 游了一次就形成了

   C. 经过一段时间后形成的　　　　　　　　　　　　　　　答案：C

3. 我的学习习惯也像风俗习惯一样，是经过了许多年后渐渐形成的。

   问：学习习惯的形成和什么有关系？

   A. 风俗习惯　　　　B. 时间　　　　C. 年纪　　　　答案：B

4. 虽然小李工作不努力，可他是我的亲戚，我怎么能把他从公司赶走呢？

   问：小李可能会怎么样？

   A. 来说话人的公司工作

   B. 失去现在的工作

   C. 仍然在公司工作　　　　　　　　　　　　　　　　　答案：C

5. 唐老师画的那幅画儿上就是这座桥，我来这儿就是为了看它。

   问：说话人为什么来这儿？

   A. 要看这座桥　　　　B. 要看这幅画儿　　　C. 要看唐老师　　　答案：A

第十一课

6. 同屋正在讲她这次去黄山的经历,看她那兴奋的样子,我下次也一定要去那儿看看。

    问:关于这句话,下面哪种说法是正确的?

    A. 我已经去过黄山

    B. 同屋下次和我去黄山

    C. 我打算去黄山　　　　　　　　　　　　　　　　　　　　答案:C

7. 南京是一座历史悠久的城市,每年都会吸引好多国家的游客来游览。

    问:下面哪句话是错的?

    A. 南京的历史很悠久

    B. 南京很吸引人

    C. 游客的国家都有很长的历史　　　　　　　　　　　　　答案:C

8. 在北京我又见到了王欣,我高兴极了,差点儿忘了告诉她我已经来北京工作的消息。

    问:说话人为什么那么高兴?

    A. 他要去北京工作了

    B. 他快到北京了

    C. 他见到了他的老朋友　　　　　　　　　　　　　　　　答案:C

9. 北方人到南方来,印象最深的就是南方的房子,觉得不论是什么房子都比北方的精致。

    问:南方的房子有什么特色?

    A. 建造得很精致　　B. 没有北方那么精致　　C. 不比北方精致　　答案:A

10. 在我的眼里,杭州是最美丽的城市,没有什么地方比那儿更值得去了。

    问:说话人是什么意思?

    A. 杭州不值得去

    B. 杭州最值得去

    C. 比杭州值得去的地方更多　　　　　　　　　　　　　　答案:B

二、听下列对话，选择正确答案

1. 男：这件衬衫穿起来一定很舒服，你买这件吧。
   女：不过，看样子也不便宜，我们还是看看那一件吧。
   问：女的为什么不买这件衬衫？
   A. 她要买更舒服的　　B. 她觉得太贵了　　C. 她认为不好看　　　答案：B

2. 女：我想去小王的房屋中介公司租房子，你看行吗？
   男：小王既诚实又热情，他不会害你的。
   问：男的是什么意思？
   A. 女的不能害小王
   B. 小王会害诚实的人
   C. 女的可以放心去　　　答案：C

3. 女：你去了哈尔滨这么多天，觉得那儿怎么样？
   男：给我留下最深刻印象的就是那儿的雪，美极了，真是一段美好的回忆啊！
   问：关于男的，我们可以知道什么？
   A. 他还在哈尔滨
   B. 他想去哈尔滨看雪景
   C. 他去过哈尔滨　　　答案：C

4. 男：周末我要开车去度假，可我的车坏了。
   女：你要是有钱，可以租一辆嘛。
   问：女的是什么意思？
   A. 她可以借车给男的用
   B. 她可以租车给男的用
   C. 男的可以租一辆车　　　答案：C

5. 男：听说这儿的冬天比较暖和。
   女：一般是这样的，不过今年可能不同。
   问：女的想今年的冬天会怎么样？
   A. 比以前更暖和　　B. 可能比以前冷　　C. 也会比较暖和　　　答案：B

6. 男：我急着飞到北京来，不就是为了能见李芳一面吗？
   女：你要是先给她打个电话就好了。
   问：这段对话告诉我们什么？
   A. 男的没见到李芳
   B. 男的还没到北京
   C. 男的要到北京来 答案：A

7. 男：很久没听见你的声音了，你在做什么呢？
   女：我正在计划什么时候去找你呢，你什么时候在家？
   问：从对话中，我们可以知道什么？
   A. 他们正在打电话
   B. 男的打算去找女的
   C. 男的想听听女的声音 答案：A

8. 男：这次去武夷山的人，无论是老师还是学生都比去年少了不少。
   女：是的，只是去年的一半。这次总共是50个人去，其中30个人是老师。
   问：今年去武夷山的学生有多少人？
   A. 50   B. 20   C. 60   答案：B

9. 男：明天去哪儿，考虑好了吗？
   女：没什么好考虑的，我们去外滩吧。
   问：女的是什么意思？
   A. 她已经决定去外滩了
   B. 她还没想好
   C. 她不知道去外滩好不好 答案：A

10. 女：我每天都跑步一小时，可身体还是不好，我真想知道这到底值不值得。
    男：怎么不值得呢？你不是说不论好不好，都要继续跑吗？
    问：男的是什么意思？
    A. 女的应该坚持跑步
    B. 女的不用继续跑
    C. 女的应该放弃跑步 答案：A

三、听下列课文，并做练习

课文一

▶▶（李阳打电话给海天宾馆订房间，服务员是女士）

服务员： 喂，你好，这里是海天宾馆。

李　阳： 你好，我想订个房间，您先介绍一下你们房间的情况，可以吗？

服务员： 当然可以。我们这里房间的条件都是四星级的标准。

李　阳： 价格怎么样？

服务员： 分三种情况：周一到周三是288元，周四和周五是388元，周末是488元。

李　阳： 请问，你们宾馆离海边远不远？

服务员： 近极了，从宾馆到海边大约也就一刻钟吧。

李　阳： 你是说开车吗？

服务员： 不是，是走过去。现在还不能开车，因为正在修路。

李　阳： 给我订一间周六的吧。

服务员： 不好意思，周末的已经满了，您早来一天可以吗？

李　阳： 好吧，谢谢！

练习

（一）听两遍，辨别对错

1. 男的在预订房间。　　　　　　　　　　　　　（对）
2. 海天宾馆的房间，周日比周一贵100元。　　　（错）
3. 男的希望宾馆离海边不远。　　　　　　　　　（对）
4. 从宾馆到海边，开车需要15分钟。　　　　　 （错）
5. 男的订的房间是288元的。　　　　　　　　　 （错）

（二）再听一遍，回答问题

1. 这个对话可能发生在哪里？

2. 男的要做什么？

3. 海天宾馆的条件怎么样？

4. 价格标准是什么情况？

5. 男的最后订到房间了吗？是哪一天的？

课文二

上个星期五，我从苏州来到上海。第二天，我就去了可以算是代表上海传统特色的七宝镇。这是一个有1000多年悠久历史的南方小镇，早在300多年前，那儿的商业街就非常著名了。现在，七宝镇还保留着许多古老的建筑，而且不论是那些商店，还是普通人的住宅，都显得非常精致。尤其是一家专门做白酒的老店，给我留下了深刻的印象。这样的商店，在别的地方是很难见到的，所以我买了好几瓶，带回去作为到过七宝镇的纪念。

练习

（一）听两遍，选择正确答案

1. "我"是什么时候去的七宝镇？

    A. 上个星期五　　B. 上个星期六　　C. 上个星期天　　答案：B

2. 七宝镇在什么地方？

    A. 北京　　　　　B. 上海　　　　　C. 苏州　　　　　答案：B

3. 七宝镇有多少年的历史了？

    A. 1000多年　　　B. 300多年　　　　C. 700多年　　　答案：A

4. "我"在哪儿买了白酒？

    A. 普通的商店

    B. 专门做酒的商店

    C. 别的地方的商店　　　　　　　　　　　　　　　　答案：B

5. "我"为什么买了白酒？

    A. 想尝尝它的味道　B. 带回去喝　　C. 作为纪念　　答案：C

（二）再听一遍，回答问题

1. 七宝镇是个怎样的南方小镇？
2. 七宝镇300多年前就已经怎么样了？
3. 七宝镇的商店和住宅显得怎么样？
4. 七宝镇的什么给"我"留下了深刻的印象？
5. "我"买白酒的目的是什么？

第十二课

一、听下列句子，选择正确答案

1. 朋友说大连是个值得去的海滨城市，那里不但风景美丽，而且气候也很好。

   问：下面哪一个不是值得去大连的原因？

   A. 大连是城市　　　B. 大连风景美丽　　　C. 大连气候舒服　　答案：A

2. 今年暑假，我跟爸爸妈妈一起去妈妈的家乡，我们顺便看了妈妈的一些老朋友。

   问：谁没跟我们一起去家乡？

   A. 爸爸　　　　　　B. 妈妈　　　　　　　C. 妈妈的朋友　　　答案：C

3. 李阳曾经当过老师，也做过医生，最近又成了一家旅行社的导游。

   问：李阳现在做什么工作？

   A. 老师　　　　　　B. 医生　　　　　　　C. 导游　　　　　　答案：C

4. 黄山真是太美了，我跟朋友在上面互相拍了很多照片，我还买了一些黄山的茶带回来。

   问：下面哪个说法是错误的？

   A. 我在黄山上拍了照

   B. 朋友在黄山上没拍照

   C. 我买了黄山的茶　　　　　　　　　　　　　　　　　　　　答案：B

5. 哈利觉得一个人诚实和热情最重要，通过一段时间的了解，李芳渐渐成了他的女朋友。

   问：从这句话中，我们可以知道什么？

   A. 哈利很诚实

   B. 哈利刚才认识李芳

   C. 李芳诚实而热情　　　　　　　　　　　　　　　　　　　　答案：C

6. 从西安回来后,我和其他人在一起谈论了很多有趣的经历,也讲了一些不愉快的事情。

问:我们没说什么?

A. 西安的历史　　　B. 有趣的经历　　　C. 不愉快的事　　　答案:A

7. 小李现在已经不再是小孩子了,可是妈妈还是不同意他一个人去西安,因为太远了。

问:下面哪种说法是错误的?

A. 小李已经长大了

B. 小李想去西安

C. 妈妈也想去西安　　　答案:C

8. 王欣的家在南方,从来没见过下雪,今年在哈尔滨终于见到了,她觉得既新鲜又开心。

问:从这句话中,可以知道什么?

A. 王欣不见到雪就不开心

B. 王欣想去哈尔滨

C. 王欣是第一次见到雪　　　答案:C

9. 在芳子为买不到去西安的火车票而烦恼的时候,李阳帮助了她,然后他们一起去了西安。

问:关于芳子,我们可以知道什么?

A. 她买到了火车票

B. 她在西安时很烦恼

C. 她没有去西安　　　答案:A

10. 这次假期只有几天,去旅游太紧张了,所以李阳觉得与其去旅游,还不如在家里休息。

问:关于这次假期,下面哪种说法是不正确的?

A. 假期的时间不长

B. 李阳打算去旅游

C. 李阳想在家里休息　　　答案:B

第十二课

二、听下列对话，选择正确答案

1. 男：听说你最近去北京了？

   女：是的。其实原来我是不打算去的，不过小李去年就要我去他家玩儿，所以就答应了。

   问：从对话中，我们可以知道什么？

   A. 女的没去北京　　B. 小李的家在北京　　C. 女的要去北京　　答案：B

2. 男：你的汉语说得越来越好了。

   女：我经常用汉语跟中国人说话，现在好像已经把韩国语忘了。

   问：这段对话告诉我们什么？

   A. 女的常常说汉语

   B. 女的不会说韩国语了

   C. 女的是中国人　　　　　　　　　　　　　　　　　　　　答案：A

3. 女：听说李阳的女朋友要跟他分手，所以最近他挺烦恼的。

   男：我也挺同情他的，可与其为了这事而烦恼，还不如再找一个女朋友呢。

   问：关于李阳，男的是什么意思？

   A. 不值得同情

   B. 不应该跟女朋友分手

   C. 可以再找一个女朋友　　　　　　　　　　　　　　　　　答案：C

4. 男：我们明天就回家吧？

   女：既然来了，就多玩几天嘛，你看西湖多漂亮啊！

   问：这段对话告诉了我们什么？

   A. 他们现在回家了

   B. 他们还没有到西湖

   C. 女的还不想回家　　　　　　　　　　　　　　　　　　　答案：C

5. 女：你怎么才来啊？我都等你等了半个小时了！

   男：我本来应该坐40路车的，可是上车后才知道我上的是14路车。

   问：男的是什么意思？

   A. 他应该坐14路车

   B. 他坐错了车

   C. 他不知道应该坐几路车　　　　　　　　　　　　　　　　答案：B

6. 男：李阳除了会说英语之外，还会其他的吗？
   女：其他的我也不清楚，不过上次在海南的时候，我发现他唱歌唱得挺好听的。
   问：女的是什么意思？
   A. 李阳不会其他的
   B. 李阳不会说英语
   C. 李阳会唱歌 答案：C

7. 男：芳子，我还以为你不能来了呢！
   女：我一想到能见到那么多老同学，我的病就好了一半了。
   问：这段对话告诉了我们什么？
   A. 芳子的病好了
   B. 芳子很想见老同学
   C. 芳子不能来了 答案：B

8. 女：小王，你回家经过车站时，能帮我买两张去杭州的车票吗？
   男：我五点一刻下班，十五分钟可能走不到车站吧？
   问：车站什么时候下班？
   A. 5:15　　　　　B. 5:30　　　　　C. 5:50 答案：B

9. 女：从地图上看，这条街是去外滩的。
   男：是的。不过，我想知道的是怎样才能到火车站。
   问：男的打算去哪儿？
   A. 火车站　　　　B. 一条大街　　　　C. 外滩 答案：A

10. 男：丽莎，你现在是在学习汉语，怎么能不重视汉字呢？
    女：我觉得与其花时间去认识汉字，还不如多练习口语呢。
    问：丽莎的想法是什么？
    A. 会说汉语就行了
    B. 要重视汉字
    C. 要花时间学习汉字 答案：A

第十二课

三、听下列课文，并做练习

课文一

芳子：大永，我七点三刻就在这儿等你了，现在都九点了，你到底上哪儿去了？

大永：真对不起！

芳子：现在电影已经开始一个小时了，都快结束了。

大永：实在对不起，但是……

芳子：为了买这个电影的电影票，我排队排了一个小时，你知道吗？

大永：芳子，你听我说，好吗？

芳子：那好，你说吧！

大永：是这样的，我出门没多久，我妹妹就打电话来了，说她正在我家门口，然后就伤心地哭了，我不能不回去问她为什么吧？

芳子：好，再说下去！

大永：好的。我又回到了家，妹妹一见到我就哭着说，她的男朋友又找了一个女朋友，所以要跟她分手。说真的，我挺同情妹妹的，因此就安慰了她一会儿。

芳子：不过，你应当给我打个电话啊。

大永：我打了，不过你的手机关机了。

芳子：噢，我的手机没电了。

练习

（一）听两遍，选择正确答案

1. 电影可能是什么时候开始的？
    A. 7:30　　　　　　B. 8:00　　　　　　C. 9:00　　　答案：B

2. 芳子想看这个电影吗？
    A. 不是很想看　　　B. 有点儿想看　　　C. 非常想看　答案：C

3. 芳子对大永的迟到感到怎么样?
   A. 有点儿生气　　　　B. 不太生气　　　　C. 非常生气　　答案：C
4. 下面哪种说法是正确的?
   A. 大永不同情妹妹
   B. 大永又找了个女朋友
   C. 大永的妹妹哭了　　　　　　　　　　　　　　　　　　答案：C
5. 芳子有没有接到大永打的电话?
   A. 没接到　　　　　　B. 接到了　　　　　C. 不知道　　　答案：A

(二) 再听一遍，回答问题
   1. 芳子在那儿等了多长时间?
   2. 他们两个要去做什么?
   3. 大永为什么迟到了?
   4. 大永的妹妹怎么了?
   5. 芳子的手机怎么了?

课文二

哈利来中国之前，只学了几句非常简单的话，比如："你好"、"谢谢"、"对不起"、"多少钱"等等。刚来中国时，有时候就是这么几句话也不怎么会用，所以往往会出一些很有趣的洋相。有一次，哈利跟朋友在南京路上逛街，不小心撞倒了一个人。哈利当时很紧张，马上很不好意思地对那个人说："多少钱?"那个人看了看哈利，知道他是个外国人，于是就开玩笑地笑着说："不要钱。"

练习
(一) 听两遍，辨别对错
   1. 哈利来中国前，一点儿汉语也不会说。　　　　(错)
   2. 哈利刚来中国时，有时说汉语会说错。　　　　(对)

3. 哈利喜欢听很有趣的事情。　　　　　（错）

4. 哈利在逛南京路时撞倒了一个人。　　（对）

5. 哈利想给那个人钱。　　　　　　　　（错）

（二）再听一遍，回答问题

1. 哈利来中国前只会说的汉语是什么？

2. 哈利刚来中国时常常会怎么样？

3. 哈利去逛街时发生了什么事？

4. 哈利为什么对那个人说"多少钱"？

5. 那个人听了哈利的话后是怎么说的？

第十三课

一、听下列句子，选择正确答案

1. 有一次，金大永因为喝多了酒，把一件重要的事情忘了，从此就再也不喝酒了。

   问：关于金大永，下面哪一个说法是正确的？

   A. 他以前喝过酒　　B. 他从来不喝酒　　C. 没重要的事就喝酒　　答案：A

2. 昨天我找不到回宾馆的路了，后来能顺利地回去，应该感谢一位热心的老人。

   问：关于那位老人，我们可以知道什么？

   A. 他帮我问了路

   B. 他告诉了我回宾馆的路

   C. 他迷路了　　　　　　　　　　　　　　　　　　　　　　　答案：B

3. 李阳，你既然已经去上海旅游了，怎么不顺便去看一下王欣呢？

   问：李阳没有做什么？

   A. 去上海　　　　B. 去旅游　　　　C. 看王欣　　　答案：C

4. 以前这趟车总是晚到的，可今天8点就到站了，比平时提前了半个小时。

   问：这趟车平时是什么时候到站？

   A. 8点　　　　　B. 8点30分　　　　C. 9点　　　答案：B

5. 哈利和大卫的性格很接近，而且都挺幽默的。有他们两个人在，一路上我们笑声不断。

   问：关于哈利和大卫，下面哪种说法是不正确的？

   A. 他们能让我们幽默

   B. 他们的性格差不多

   C. 他们都很有意思　　　　　　　　　　　　　　　　　　　答案：A

6. 天气好不好，路远不远都没关系，重要的是要有时间才行，这样就不会有人不去了。

    问：有人会不去主要是因为什么？

    A. 天气不好　　　　B. 路太远了　　　　C. 没有时间　　　答案：C

7. 哈利，你看丽莎的护照丢了，都急哭了，你怎么不去安慰她一下呢？

    问：说话人让哈利做什么？

    A. 帮丽莎找护照

    B. 让丽莎别着急

    C. 看丽莎的护照在不在　　　　　　　　　　　　　　答案：B

8. 中国人跟韩国人的差别太大了，穿的衣服、吃的饭不一样，甚至走路的样子也不一样。

    问：关于中国人和韩国人的差别，下面哪种说法是错误的？

    A. 饮食习惯不同

    B. 衣服样式不一样

    C. 走的路不一样　　　　　　　　　　　　　　　　　答案：C

9. 哈利给芳子写了一封信，说后天要来给芳子过生日，还要送给她一件礼物。

    问：哈利后天要做什么？

    A. 给芳子写信

    B. 寄给芳子礼物

    C. 庆祝芳子的生日　　　　　　　　　　　　　　　　答案：C

10. 李阳去年在北京时，游览了很多景点，现在一想起那些美好的经历就想再去北京。

    问：李阳的希望是什么？

    A. 再去北京游览

    B. 有游览的经历

    C. 去从来没去过的北京　　　　　　　　　　　　　　答案：A

二、听下列对话，选择正确答案

1. 男：你常常去那个果园吗？
   女：那个果园离这儿很远，坐车也不方便。一般只有水果成熟的时候，我才去那儿一趟。
   问：女的什么时候会去果园？
   A. 坐车方便的时候　B. 水果快成熟时　C. 可以吃水果的时候　　答案：C

2. 男：我带了很多吃的，到了山顶以后，我们可以在那儿吃午饭。
   女：这比在饭店里吃饭有意思多了。
   问：从对话中，我们可以知道什么？
   A. 他们在爬山　　　B. 他们在吃午饭　　C. 他们到山顶了　　答案：A

3. 女：你上次去李阳那儿时，怎么没说一说你出的洋相呢？
   男：他的胸受伤了，一笑就痛，我敢跟他说这个笑话吗？
   问：男的是什么意思？
   A. 李阳不敢说笑话
   B. 他不敢跟李阳说笑话
   C. 他没有出过洋相　　　　　　　　　　　　　　　　　　　　答案：B

4. 女：小王的妈妈告诉我，小王生病住院了。
   男：他昨天已经出院回家了，明天就来上课。
   问：现在小王在哪儿？
   A. 在家　　　　　　B. 在学校　　　　　C. 在医院　　　　　答案：A

5. 女：李阳，我买了两张去苏州的车票，可芳子明天有事儿，你去不去？
   男：王欣，怎么这么巧，我也正想去苏州呢。
   问：明天谁会去苏州？
   A. 李阳和芳子　　　B. 王欣和芳子　　　C. 李阳和王欣　　　答案：C

6. 女：快过来，导游安排我们去那家饭店。
   男：你自己去吧，去饭店还不如去超市随便买点儿呢。
   问：男的是什么意思？
   A. 他不想去饭店
   B. 他不让女的去饭店
   C. 跟导游去超市　　　　　　　　　　　　　　　　　　　　　答案：A

7. 男：老李都五十多岁的人了，篮球还打得这么好。
   女：那当然，他年轻的时候是职业篮球运动员。
   问：关于老李，我们可以知道什么？
   A. 篮球打得不好了
   B. 年轻时是专门打篮球的
   C. 现在不能打球了　　　　　　　　　　　　　　　　答案：B

8. 男：听说你已经学了三年汉语了，能谈谈感受吗？
   女：语音不是很难，语法比较难，汉字最难写。
   问：女的认为下面哪一个比较容易学？
   A. 语音　　　　　　B. 语法　　　　　　C. 汉字　　　　答案：A

9. 女：你常常跟唐老师聊天吗？
   男：虽然他比我大很多，性格也不太一样，但是我们的兴趣很接近。
   问：男的在什么方面跟唐老师差不多？
   A. 兴趣　　　　　　B. 年纪　　　　　　C. 性格　　　　答案：A

10. 男：下个星期天，我们去一趟上海吧！
    女：你怎么不早说？要是早知道你去上海，我就不买去北京的火车票了。
    问：女的是什么意思？
    A. 她不想去上海
    B. 她准备好去北京了
    C. 她不让男的去上海　　　　　　　　　　　　　　　答案：B

三、听下列课文，并做练习

课文一

李　　阳：请问，有去南京的火车票吗？
售票员：你要什么时候的？
李　　阳：7月7号的，我要在中午12点之前赶到那里。
售票员：有一趟早上7点的车，中间要停几站，11点到南京。
李　　阳：坐7点的车我要起得很早，还有别的车吗？

售票员：还有一趟早晨8点半的，上午11点半到。

李　阳：8点半的这趟车更合适一些，票价是多少？

售票员：有空调的50元，没空调的35元。

李　阳：给我一张8点半带空调的吧。

售票员：好的。

练习

（一）听两遍，选择正确答案

1. 这段对话发生在哪里？

　　A. 汽车站　　　　B. 火车站　　　　C. 飞机场　　　　答案：B

2. 买票的人要在几点前到南京？

　　A. 11点　　　　　B. 12点　　　　　C. 12点半　　　　答案：B

3. 买票的人觉得坐哪趟车更好？

　　A. 7点　　　　　 B. 8点　　　　　 C. 8点半　　　　 答案：C

4. 没空调的车票比有空调的便宜多少钱？

　　A. 15元　　　　　B. 50元　　　　　C. 35元　　　　　答案：A

5. 买票的人买了一张什么票？

　　A. 7点带空调的

　　B. 8点半不带空调的

　　C. 8点半带空调　　　　　　　　　　　　　　　　　　答案：C

（二）再听一遍，回答问题

1. 买票的人要在几点前到南京？

2. 买票的人为什么不坐早上7点的车？

3. 买票的人觉得坐哪趟车更合适？

4. 去南京的车票有几种？

5. 8点半的这趟车什么时候到南京？

第十三课

课文二

大永：终于上火车了！芳子，把你的行李给我吧。

芳子：谢谢，车上真暖和！

大永：是呀！上海的冬天气温比较低，而且还经常下雨。

芳子：大永，这是你的卧铺，上面那个是我的。

大永：卧铺上有被子吗？

芳子：有两床被子，还有一条毯子。

大永：这样，我们晚上就不会冷了。

芳子：我想喝点儿热水，这儿有吗？

大永：车厢那头有免费的热水，我去倒吧。

芳子：谢谢！

练习

（一）听两遍，辨别对错

1. 上海的冬天又冷又湿。　　　　　　（对）

2. 他们坐的是卧铺。　　　　　　　　（对）

3. 他们在火车上睡觉会很冷。　　　　（错）

4. 大永的卧铺在芳子的上面。　　　　（错）

5. 车厢里可以喝到免费的热水。　　　（对）

（二）再听一遍，回答问题

1. 芳子把什么给了大永？

2. 大永觉得上海的冬天怎么样？

3. 卧铺上有什么？

4. 车厢里有什么？

5. 大永要去做什么？

第十四课

一、听下列句子，选择正确答案

1. 除了我和小李，公司里的其他十五个人都去过长城。

   问：公司里一共有多少人？

   A. 十五个　　　　B. 十七个　　　　C. 两个　　　　答案：B

2. 李阳，你坐的火车是七点半开，从这儿到火车站最少也要三刻钟，你怎么七点才起床呢？

   问：李阳来得及赶上火车吗？

   A. 来得及　　　　B. 来不及　　　　C. 不知道　　　　答案：B

3. 小李买了十一点的机票去杭州，但是他到机场时已经十一点二十分了，赶不上飞机了。

   问：小李为什么没有上飞机？

   A. 他迟到了

   B. 他不想去杭州了

   C. 他没有买到飞机票　　　　答案：A

4. 哈利，你虽然没带护照，但你显然是外国人，说不定宾馆会允许你住宿的。

   问：哈利有可能怎么样？

   A. 带了护照　　　B. 不能住宾馆　　　C. 在宾馆住宿　　　答案：C

5. 丽莎，你即使不喜欢金大永，但也不能拒绝他送给你的生日礼物啊！

   问：说话人认为丽莎不应该怎么样？

   A. 喜欢金大永

   B. 送给金大永礼物

   C. 不要金大永的礼物　　　　答案：C

6. 丽莎生病住院了，每天只能躺在床上看看书，听听音乐，哪儿也不能去玩儿。

 问：丽莎现在只能做什么？

 A. 去医院看病　　　B. 看书和听音乐　　C. 去外边玩儿　　　　答案：B

7. 小李，这次假期只有三天，你要坐火车去北京游览怎么来得及呢？

 问：小李可能怎么去北京？

 A. 坐飞机　　　　　B. 坐火车　　　　　C. 坐火车和坐飞机　　答案：A

8. 他感冒了，就应该多喝水，多休息，怎么能去旅游呢？

 问：下面哪句话是对的？

 A. 他能去旅游　　　B. 他应该去旅游　　C. 他不应该去旅游　　答案：C

9. 黄佳佳，你没来上课是因为身体不舒服，可你怎么没向老师解释清楚呢？

 问：黄佳佳没有向老师解释什么？

 A. 没来上课的原因

 B. 为什么身体不舒服

 C. 为什么来上课   答案：A

10. 金大永晕车了，哈利给他吃了一片晕车药。他吃了药以后，过了一会儿就没事了。

 问：关于金大永，下面哪句话不正确？

 A. 他晕车了

 B. 他吃了药就不晕车了

 C. 他给哈利吃了晕车药   答案：C

二、听下列对话，选择正确答案

1. 男：丽莎，这台电脑是别人借给我的，你可别丢了，要是丢了就害了我了。

 女：哈利，这不要紧，你就再买一台给他吧。

 问：哈利认为电脑丢了可能会怎么样？

 A. 会害了别人　　　B. 别人会再买一台　　C. 别人会不高兴　　答案：C

2. 男：你暑假去哪里旅游了？
   女：我去了周庄和苏州，本来还打算去海南的，但是要开学了，没时间去了。
   问：女的暑假没去哪里旅游？
   A. 周庄　　　　　　　B. 苏州　　　　　C. 海南　　　　答案：C

3. 男：你的脸色很差，是感冒了吗？
   女：我晕车，头疼，有点儿不舒服。
   问：下面哪一句是不正确的？
   A. 女的晕车了　　　　B. 女的感冒了　　　C. 女的不舒服　　答案：B

4. 女：菜单上的价格怎么都这么贵啊，我们在这儿别吃了吧。
   男：既然来了，那就吃吧，点稍微便宜点儿的就行。
   问：男的是什么意思？
   A. 别点贵的菜就可以
   B. 点贵的菜也可以
   C. 稍微吃一点儿就行　　　　　　　　　　　　　　　　答案：A

5. 女：现在是晚上九点，还来得及回上海吗？
   男：太晚了，我们还是看看这附近有没有旅馆吧？
   问：这段对话告诉我们什么？
   A. 他们晚上回上海
   B. 他们来得及回上海
   C. 他们今天不回上海了　　　　　　　　　　　　　　　答案：C

6. 女：你点的菜太多了，可是今天我的胃不太舒服。
   男：那你就稍微吃一点儿吧，即使吃不完也没关系，我可以再带回去吃。
   问：女的可能会怎么样？
   A. 把这些菜吃完　　　B. 带回去吃　　　C. 只吃一点儿　　答案：C

7. 男：国庆节放七天假，我们一起去桂林旅游，怎么样？
   女：我的想法跟你的是同样的。
   问：女的是什么意思？
   A. 也想去桂林

B. 不愿意去桂林

C. 想法跟男的不一样   答案：A

8. 男：我要是上课迟到了，就觉得特别不好意思。

   女：我有个好办法，就是天天都用闹钟，周末也一样，这样就不会迟到了。

   问：他们在谈论什么？

   A. 用闹钟的办法   B. 周末应该做什么   C. 怎样才能不迟到   答案：C

9. 女：学校的宾馆也很好啊，你为什么要搬出去住呢？

   男：住在外面比住在学校的宾馆安静，而且生活更方便。

   问：男的要搬出去住的原因是什么？

   A. 学校的宾馆安静

   B. 学校里生活更方便

   C. 学校的宾馆比较吵   答案：C

10. 男：丽莎，你来中国已经一个月了吧，感觉怎么样？

    女：学习上没什么问题，只是吃中国菜还稍微有点儿不适应。

    问：丽莎现在怎么样？

    A. 吃中国菜没问题

    B. 学习上不适应

    C. 还不太习惯吃中国菜   答案：C

三、听下列课文，并做练习

课文一

丽莎：哈利，你到中国多长时间了？

哈利：我到中国一年多了，一直在上海，别的地方都没去过。

丽莎：我也一直在上海学习，还没有去过北京呢。

哈利：我早就想去北京了，可是我要学习汉语，一直没有时间去。

丽莎：北京离上海比较远，而且那儿的冬天很冷。

哈利：的确比较远，但是坐飞机很快就能到。丽莎，你知道哪个季节去北京最好呢？

丽莎：王老师告诉我，北京的秋天最美了，很多人都在那时去北京。

哈利：那我们今年秋天去，怎么样？

丽莎：好啊！我还可以去看看我弟弟。另外，我们再多叫一些同学一起去，人多热闹些。

哈利：好主意！那么，我们是自己去还是跟旅行社去呢？

丽莎：我们都没去过北京，对那里不熟悉，去什么景点也不知道，还是参加旅行团吧。

哈利：好的，就听你的！

练习

（一）听两遍，选择正确答案

1. 哈利在上海多长时间了？
   A. 几个月　　　　B. 半年　　　　　C. 一年多　　　　　答案：C
2. 哈利去过别的地方吗？
   A. 去过　　　　　B. 没去过　　　　C. 不知道　　　　　答案：B
3. 哈利和丽莎计划什么时候去北京？
   A. 今年秋天　　　B. 今年冬天　　　C. 明年秋天　　　　答案：A
4. 谁有可能跟他们一起去北京？
   A. 王老师　　　　B. 别的同学　　　C. 丽莎的弟弟　　　答案：B
5. 他们为什么要参加旅行团？
   A. 因为他们不熟悉北京
   B. 因为人多比较热闹
   C. 因为他们自己不能去　　　　　　　　　　　　　　　答案：A

（二）再听一遍，回答问题

1. 哈利为什么没去过别的地方？
2. 哈利认为去北京方便吗？
3. 哪个季节去北京最好？

4. 丽莎去北京时还想做什么？

5. 他们打算和谁一起去北京？

课文二

玛丽和丽莎都是英国留学生，她们来到中国以后，体重都增加了好几公斤。为什么来中国以后大家都胖了呢？玛丽认为是中餐的油太多了，可是丽莎认为是运动太少。她说，她们在英国时天天都吃奶酪呀，香肠呀什么的，怎么就不像现在这么胖呢？玛丽认为她说得有道理。于是，她们决定从明天开始锻炼身体。玛丽说要每天去游泳，丽莎说要像中国人那样天天骑自行车，她认为中国人胖的很少，这跟他们天天骑自行车有关系。

练习

（一）听两遍，辨别对错

1. 玛丽和丽莎来中国后胖了几十公斤。 （错）
2. 玛丽认为自己长胖是因为中餐太油了。 （对）
3. 她们在英国只吃奶酪和香肠。 （错）
4. 丽莎认为自己长胖是因为不太运动。 （对）
5. 她们都打算天天锻炼了。 （对）

（二）再听一遍，回答问题

1. 玛丽和丽莎来中国以后，体重增加了多少？
2. 她们认为长胖跟什么有关系？
3. 她们准备怎样减肥？
4. 她们打算从什么时候开始减肥？
5. 丽莎认为中国人胖的很少，跟什么有关系？

风光汉语·初级听力Ⅱ　听力文本与参考答案

第十五课

一、听下列句子，选择正确答案

1. 芳子，我不是告诉你考试前一定要认真准备吗？现在你后悔了吧？

    问：这句话是什么意思？

    A. 芳子考试时不认真

    B. 芳子考试前准备了

    C. 芳子考试的成绩不好　　　　　　　　　　　　　　　　　答案：C

2. 除了金大永和黄佳佳以外，还有另外三个留学生明天也一起去杭州游览。

    问：明天有几个人去杭州游览？

    A. 2个　　　　　　B. 3个　　　　　　C. 5个　　　　　　答案：C

3. 昨天，黄佳佳生病了。医生给她开了药，让她除了按时吃药以外，还要多休息。

    问：医生让黄佳佳怎样做？

    A. 按时吃药　　　B. 休息一会儿　　　C. 只要吃药　　　　答案：A

4. 黄佳佳刚才还很生气，现在基本没事了。

    问：黄佳佳现在怎么样？

    A. 没有事情做　　B. 还在想生气的事　C. 现在不太生气了　答案：C

5. 李阳的病已经基本没事了，可以去上班了，但医生说还要加强营养。

    问：李阳现在怎么样？

    A. 身体很好　　　B. 已经去上班了　　C. 还需要多吃东西　答案：B

6. 黄佳佳，你怎么不敢自己去医院呢？别太对自己的汉语水平缺乏信心。

    问：关于黄佳佳，我们可以知道什么？

    A. 不敢自己去医院

    B. 认为自己汉语水平不好

    C. 自己去了医院　　　　　　　　　　　　　　　　　　　　答案：A

7. 小李，时间不早了，你早点儿回去休息吧，明天不是还要考试吗？

　　问：关于小李，下面哪句话不对？

　　A. 他明天要考试

　　B. 他明天不用考试

　　C. 他应该早点儿休息　　　　　　　　　　　　　　　　答案：B

8. 金大永早就想去北京看看，这次因为生病没去成，真是太可惜了！

　　问：下面哪句话是对的？

　　A. 金大永去北京了

　　B. 金大永没去北京

　　C. 金大永没去北京不可惜　　　　　　　　　　　　　　答案：B

9. 哈利，你感冒了，就需要多休息，现在这种状态去工作怎么行呢？

　　问：说话人是什么意思？

　　A. 哈利不能去上班

　　B. 哈利工作时状态不好

　　C. 哈利不休息会感冒　　　　　　　　　　　　　　　　答案：A

10. 这个周末，哈利去苏州游览了很多景点，他觉得苏州的风景比他想象的美得多。

　　问：哈利觉得苏州的风景怎么样？

　　A. 没有想象的美　　B. 比想象的漂亮　　C. 跟想象的一样　　答案：B

二、听下列对话，选择正确答案

1. 男：怎么这么晚还没回家？

　　女：这里很安静。明天要考试了，在这里看会儿书，我就回去了。

　　问：从这段话中，我们可以知道什么？

　　A. 女的在看书　　　B. 女的回家了　　C. 男的要考试　　答案：A

2. 女：今天我头疼，感觉很不舒服。

　　男：你可能感冒了。下课后去医院检查一下，让大夫给你开些药吧。

问：男的可能是干什么的？

　　A. 医生　　　　　　B. 老师　　　　　　C. 服务员　　　　　答案：B

3. 男：你这种状态去考试，怎么能考好呢？

　　女：不要紧！我已经吃了药，稍微再休息两天就能去了。

　　问：关于女的，下面哪句话是对的？

　　A. 她生病了　　　　B. 她的病已经好了　C. 她不能去考试　　答案：A

4. 女：豫园是上海有名的景点，没去过豫园是不能算到过上海的。

　　男：是啊！我早就想去那里看看了。这次没去成，真是太可惜了。

　　问：下面哪句话是正确的？

　　A. 女的觉得很可惜

　　B. 男的没有去过豫园

　　C. 男的到过豫园了　　　　　　　　　　　　　　　　　　　答案：B

5. 男：时间不早了，尽量早点儿休息吧。明天你不是要去海南吗？

　　女：你没看见行李还没收拾好吗？你先去休息吧。

　　问：女的在做什么？

　　A. 收拾行李　　　　B. 休息　　　　　　C. 让男的准备行李　答案：A

6. 女：听说你见到了李阳的女朋友，觉得她怎么样，快跟我讲讲。

　　男：好的。她对人挺热情的，可是不像我想象的那么漂亮。

　　问：男的觉得李阳的女朋友怎么样？

　　A. 比他想象的漂亮　B. 又热情又漂亮　　C. 长得不太漂亮　　答案：C

7. 女：金大永，你怎么还走得这么慢，是腿有毛病吗？

　　男：急什么，今天不是不上课吗？

　　问：金大永为什么走得不快？

　　A. 今天不上课　　　B. 觉得上课来得及　C. 今天腿不好　　　答案：A

8. 女：我昨天生病了，要不是这样，就能和你们一起去公园了。

　　男：如果你去了就好了，我们可以拍张合影。

　　问：从对话中，可以知道什么？

　　A. 他们拍了合影

　　B. 他们一起去公园了

　　C. 他们没拍合影　　　　　　　　　　　　　　　　　　　　答案：C

9. 女：你肚子疼，为什么不去医院呢？

   男：我没去过中国的医院，再说我的汉语说得不好，就是去了也不知道怎么跟医生说。

   问：男的为什么不去医院？

   A. 他认为不用去医院

   B. 他没学过汉语

   C. 他对自己的汉语缺乏信心   答案：C

10. 男：听说你们班的几个同学上个星期去北京了，你也去了吗？

    女：我是打算去北京的，但是生病了，就失去了去北京的机会，真遗憾啊！

    问：女的觉得遗憾的是什么？

    A. 以后去不成北京了

    B. 没有去成北京

    C. 没有去北京的机会   答案：B

三、听下列课文，并做练习

李阳：王欣，已经十点多了，怎么还不回宿舍睡觉呢？

王欣：我刚回到学校啊。

李阳：怎么这么晚才回来？

王欣：丽莎生病了。我送她去了医院后，又把她送回了家，所以这么晚才回来。

李阳：是吗？我还不知道呢，她生了什么病？

王欣：医生给她做了检查，说她感冒了。

李阳：那她明天还能去旅游吗？

王欣：她很想去，不过医生让她在家休息两天。李阳，看来，只有我们俩去了。

李阳：丽莎早就想去北京了，这次有机会去了，她又生病了，真是太可惜了！

王欣：我也希望她能去北京，不过健康更重要啊！

练习

（一）听两遍，选择正确答案

1. 王欣为什么还没有睡觉？
    A. 她去学校了　　B. 她去医院了　　C. 她回了家　　答案：B

2. 谁生病了？
    A. 丽莎　　　　　B. 王欣　　　　　C. 李阳　　　　答案：A

3. 明天李阳和王欣要做什么？
    A. 在宿舍休息　　B. 去旅游　　　　C. 送病人去医院　答案：B

4. 丽莎明天会在哪儿？
    A. 在北京　　　　B. 在医院　　　　C. 在家里　　　答案：C

5. 王欣认为什么是最重要的？
    A. 她和李阳去旅游
    B. 丽莎的身体健康
    C. 去医院检查身体　　　　　　　　　　　　　　　答案：B

（二）再听一遍，回答问题

1. 王欣为什么很晚才回到学校？
2. 丽莎生了什么病？
3. 医生让丽莎怎么做？
4. 明天谁会去北京？
5. 李阳觉得什么事太可惜了？

课文二

丽莎：李阳，你刚从北京回来吗？

李阳：是啊，先来看看你。丽莎，你的病好了吗？

丽莎：这几天我每天按时吃药，并且躺着休息。现在已经基本没事了，谢谢你！

李阳：不客气。大家都很关心你的健康状况，现在没事了就好。

丽莎： 谢谢大家的关心。你们这次玩得开心吗？
李阳： 我们游览了北京的很多著名景点，你没去真是太可惜了！
丽莎： 要不是这次生病了，我一定和你们一起去了，真是遗憾啊！
李阳： 下次有机会再去吧。对了，同学们计划下个星期到周庄去，你去吗？
丽莎： 当然去。听说周庄被人们称为"中国第一水乡"，是吗？
李阳： 是的。那里的小河、小桥和建筑都特别美，你去了就知道了。

练习

（一）听两遍，辨别对错

1. 丽莎的病快好了。　　　　　　　　　　（对）
2. 大家都很关心丽莎的健康。　　　　　　（对）
3. 丽莎在北京时没去著名的景点。　　　　（错）
4. 同学们计划这个星期去周庄。　　　　　（错）
5. 丽莎听说过周庄。　　　　　　　　　　（对）

（二）再听一遍，回答问题

1. 丽莎病了后每天都是怎么做的？
2. 现在丽莎的病怎样了？
3. 丽莎觉得遗憾的是什么？
4. 同学们的计划是什么？
5. 周庄被人们称为什么？

第十六课

一、听下列句子,选择正确答案

1. 丽莎去商店买了面包啊,水果啊什么的,准备在火车上吃。
   问:丽莎没有买什么?
   A. 饮料　　　　B. 面包　　　　C. 水果　　　　答案:A

2. 黄佳佳计划十五号到北京,可是十五号、十六号的机票都卖完了,只有十七号的机票了。
   问:黄佳佳可能几号去北京?
   A. 十五号　　　B. 十六号　　　C. 十七号　　　答案:C

3. 小李,明天一定要准时到机场。如果迟到了,那就赶不上飞机了。
   问:关于小李,下面哪句话是正确的?
   A. 他赶上飞机了　B. 他准时到了机场　C. 他不能迟到　答案:C

4. 要不是明天有 HSK 考试,丽莎一定会和同学们一起去访问中国家庭的。
   问:丽莎明天会做什么?
   A. 访问中国家庭　B. 参加考试　　C. 跟同学出去玩儿　答案:B

5. 哈利打算到上海附近的几个城市去看看,所以他请我给他推荐一条合适的路线。
   问:说话人可能会做什么?
   A. 跟哈利去旅行
   B. 带哈利去几个城市
   C. 告诉哈利旅行路线　　　　　　　　　　　　　答案:C

6. 金大永,你怎么现在才起床,非得上课后才进教室吗?
   问:这句话是什么意思?
   A. 金大永不去上课了
   B. 金大永会迟到
   C. 金大永进教室了　　　　　　　　　　　　　　答案:B

7. 要是搬到那儿去,那去医院看病,就非得跑到很远的地方去不可。

   问:搬到那儿去会怎么样?

   A. 去医院很近　　　B. 离医院很远　　　C. 看病很方便　　　答案:B

8. 我们去淮海路吃饭吧。那里有的是餐馆,我们可以随便挑。

   问:说话人为什么要去淮海路?

   A. 那儿有很多餐馆

   B. 去餐馆可以随便吃

   C. 他已经挑好了餐馆　　　　　　　　　　　　　　　　答案:A

9. 黄佳佳搬到校外去住了。那儿离学校很远,非得六点起床才不会迟到。

   问:黄佳佳为什么每天要早起?

   A. 她住在学校里

   B. 她住在学校附近

   C. 她住的地方离学校不近　　　　　　　　　　　　　　答案:C

10. 小王,你为什么非得让别人给你推荐工作呢,你自己不会主动去找吗?

    问:说话人认为小王应该怎么找工作?

    A. 请别人介绍　　　B. 请别人推荐　　　C. 别请别人帮忙　　答案:C

二、听下列对话,选择正确答案 🎧

1. 男:黄佳佳,你还记得我吗?

   女:金大永,是你啊!我怎么会忘记你呢!

   问:黄佳佳还记得金大永吗?

   A. 记得　　　　　　B. 忘记了　　　　　C. 差点儿忘了　　　答案:A

2. 男:要是你累了,那我们就休息一会儿再走吧。

   女:即使再走一个小时,也没问题。

   问:女的是什么意思?

   A. 可以休息一会儿　B. 还可以继续走　　C. 累点儿没关系　　答案:B

3. 男：快放暑假了，我打算去旅行，你能给我推荐几个城市吗？

   女：你去过北京和杭州了，那这次就去无锡和苏州吧。

   问：男的没有去过哪里？

   A. 北京　　　　　B. 杭州　　　　　C. 无锡　　　　　答案：C

4. 女：你怎么又迟到了？这个月都好几次了。

   男：我搬到校外去住了，离学校远了，坐车要一个小时。如果起晚了，时间就来不及了。

   问：下面哪句话不正确？

   A. 男的迟到了

   B. 男的不在学校里面住

   C. 男的在学校附近住　　　　　　　　　　　　　　答案：C

5. 男：李阳要帮你搬家，你怎么拒绝了呢？

   女：他平时很忙，我怎么能给他添麻烦呢？

   问：女的没有做什么？

   A. 没有搬家

   B. 没有让李阳帮忙

   C. 没有拒绝李阳的帮助　　　　　　　　　　　　　答案：B

6. 女：住在学校的宾馆有什么好处？

   男：从学校宾馆去教室，走几分钟就到了，不用坐车去学校，也不用很早就起床。

   问：住在学校的宾馆有什么好处？

   A. 离教室很近　　B. 可以早点儿起床　C. 坐车出去很方便　答案：A

7. 男：外面很冷，你怎么穿得这么少啊，这非得感冒不可！

   女：我没觉得很冷啊！

   问：女的是什么意思？

   A. 她感冒了　　　B. 她觉得不是很冷　C. 她穿得很少　　答案：B

8. 女：我想学习英语，你给我推荐几本英语词典吧。

   男：我从来没学过英语，怎么知道哪本词典好呢？

   问：男的不知道什么？

   A. 去哪儿买词典

   B. 应该推荐什么词典

   C. 女的想学习英语   答案：B

9. 女：从这儿到海南很远，要是坐飞机去的话，机票恐怕很贵吧？

   男：还好吧，不是特别贵。

   问：男的认为去海南的机票怎么样？

   A. 很便宜   B. 非常贵   C. 不算贵   答案：C

10. 女：你减肥快一个月了，体重稍微轻点儿了吗？

    男：我每天都运动，可毫无作用。现在，我对减肥已经缺乏信心了。

    问：男的现在怎么样？

    A. 体重跟以前一样

    B. 体重稍微轻点儿了

    C. 对减肥有信心   答案：A

三、听下列课文，并做练习

课文一

芳子：哈利，你来上海后去过哪里了？

哈利：我到上海的第一年，趁放假游览了上海附近的几个地方，比如杭州、南京等等。

芳子：都是坐火车去的吗？

哈利：是的。这几个地方离上海不远，坐火车几个小时就到了，很方便。

芳子：除了这几个景点，你还去过哪里？

哈利：去年春节的时候，我还坐飞机去了海南。芳子，你去过海南吗？

芳子：去过。那你去过北京了吗？

哈利：去年暑假的时候，李阳让我跟他一起去北京，可那时我病了，失去了一次好机会。

芳子：太遗憾了！那么，今年暑假我们一起去吧。

哈利：好啊！那时我即使病了，也一定要去欣赏一下雄伟的长城。

练习

（一）听两遍，选择正确答案

1. 哈利是什么时候去杭州和南京的？
   A. 放假的时候　B. 来上海一年后　　C. 春节的时候　　答案：A
2. 哈利没去过哪个地方？
   A. 海南　　　　B. 南京　　　　　　C. 北京　　　　　答案：C
3. 芳子觉得遗憾的是什么？
   A. 哈利没去北京
   B. 自己没去过海南
   C. 李阳没去成北京　　　　　　　　　　　　　　　　答案：A
4. 去年哈利失去了什么机会？
   A. 跟李阳见面的机会
   B. 去北京的机会
   C. 坐火车去海南的机会　　　　　　　　　　　　　　答案：B
5. 今年暑假哈利决定做什么？
   A. 不去北京　　B. 跟李阳去长城　　C. 游览长城　　　答案：C

（二）再听一遍，回答问题

1. 哈利是怎样去杭州和南京的？
2. 哈利去年春节去了哪儿？
3. 哈利为什么没能去成北京？
4. 芳子想跟谁一起去北京？
5. 哈利身体不好也会去北京吗？

第十六课

课文二

李阳：丽莎，这次考试考得怎么样？
丽莎：还可以，只是写汉字稍微有点儿难，有几个字我不会写。
李阳：那你每天都练习写汉字吗？
丽莎：是的。李阳，你是怎么学会这么多汉字的？
李阳：我上小学的时候，老师每天都要我们写很多汉字，这样才慢慢学会的。
丽莎：学汉字真不容易啊！
李阳：是的，所以你还要加强练习啊！对了，哈利这次考得好吗？
丽莎：他说考得不太好，原因是有不少汉字不会写。
李阳：那么他平时练习写汉字吗？
丽莎：他说因为汉字太难了，所以已经对学好汉字失去信心了。
李阳：缺乏信心可不行！明天我一定要找他说说这事。

练习

（一）听两遍，辨别对错

1. 丽莎考试时觉得写汉字有些难　　　（对）
2. 丽莎考试时会写的汉字不多　　　（错）
3. 李阳让丽莎多练习写汉字　　　（对）
4. 哈利一个汉字也不会写　　　（错）
5. 哈利现在可能不练习写汉字了　　　（对）

（二）再听一遍，回答问题

1. 丽莎觉得考试时什么比较难？
2. 李阳是怎样学会很多汉字的？
3. 丽莎怎样才能学好汉字呢？
4. 哈利考得不好的原因是什么？
5. 哈利有信心学好汉字吗？

第十七课

一、听下列句子，选择正确答案

1. 我的女朋友主张买那套房子，我怎么敢不赞成呢？

    问：说话人是什么意思？

    A. 他不同意买房子

    B. 按照女朋友说的做

    C. 不赞成女朋友的意见　　　　　　　　　　　　　　　　答案：B

2. 哈利很喜欢吃学校周围小摊上的小吃，丽莎劝他不要吃，因为不卫生。

    问：丽莎为什么不让哈利吃那些小吃？

    A. 她自己不喜欢吃

    B. 她觉得太贵了

    C. 她觉得那些小吃不干净　　　　　　　　　　　　　　　答案：C

3. 这个公司虽然规模不大，可是职员们工作的环境舒适得不得了。

    问：这个公司怎么样？

    A. 规模很大　　　B. 工作环境很好　　　C. 职员们工作不累　　答案：B

4. 王欣昨天去那家商店时，那家商店的衣服都在打折，她开心得不得了。

    问：昨天那家商店衣服的价格怎么样？

    A. 比平时便宜　　B. 比平时贵　　　　C. 跟平时一样　　　　答案：A

5. 黄佳佳、芳子和丽莎去中国饭馆吃饭，她们点了很多菜，但丽莎光吃小笼包。

    问：关于丽莎，下面哪句话是正确的？

    A. 她把小笼包吃光了

    B. 她只吃小笼包

    C. 她不吃小笼包　　　　　　　　　　　　　　　　　　　答案：B

6. 苏州的景色实在是太美了，哈利看得着了迷，丽莎叫了他几声，他都没有听见。

问：哈利觉得苏州怎么样？

A. 非常吸引人　　B. 非常有意思　　C. 没有什么特别　　答案：A

7. 小王，即使你父母给你很多钱，你也应该节省一点儿啊！

问：说话人让小王怎么做？

A. 不要随便花钱　　B. 不用节省钱　　C. 让父母给他钱　　答案：A

8. 哈利在中国学习汉语期间很喜欢看功夫片、动作片，常常看得着了迷，忘了睡觉。

问：哈利为什么常常忘了睡觉？

A. 他要看书

B. 那些电影吸引了他

C. 他对学习汉语着了迷　　答案：B

9. 哈利晚上在路边小摊吃了一些小吃，半夜觉得肚子痛，显然是吃了不卫生的东西。

问：哈利为什么会肚子疼？

A. 吃得太多了　　B. 晚饭吃得太少　　C. 吃的东西不干净　　答案：C

10. 黄佳佳去苏州旅游时，随时都带着一本汉语词典，因为她恐怕自己听不懂。

问：黄佳佳为什么要带着汉语词典？

A. 她从来没学过汉语

B. 她想随时学习汉语

C. 她担心听不懂别人说的话　　答案：C

二、听下列对话，选择正确答案

1. 男：我们去打篮球吧。

女：与其去打篮球，还不如去游泳呢。

问：女的想干什么？

A. 打篮球　　B. 游泳　　C. 打篮球和游泳　　答案：B

2. 男：那个小女孩找不到妈妈了，急得哭了，你去安慰她一下吧。

   女：好的，我这就去。那么，你去请服务员帮忙找一下她妈妈吧。

   问：女的要去做什么？

   A. 让小女孩去找妈妈

   B. 让小女孩别着急

   C. 去找小女孩的妈妈   答案：B

3. 女：这么晚了还让您陪我去医院，真给您添麻烦了！

   男：没事儿！你受了伤，我能不陪你去医院检查吗？

   问：男的是什么意思？

   A. 这是自己应该做的

   B. 女的受的伤没事儿

   C. 不能陪女的去医院   答案：A

4. 男：怎么有这么多人排队买小笼包呢？咱们去吃别的东西吧。

   女：你知道吗？豫园的小笼包很有名。你来这儿不吃小笼包，不等于白来了吗？

   问：女的是什么意思？

   A. 应该去吃小笼包

   B. 今天白来豫园了

   C. 可以去吃别的东西   答案：A

5. 男：昨天你去看的那部动画片怎么样？

   女：确实很好看，听说还在国际电影节上得过奖呢。

   问：女的觉得那部动画片怎么样？

   A. 会得奖　　　　B. 很优秀　　　　C. 很动人　　　答案：B

6. 男：黄英，听说你和王欣有业务联系，能帮我跟她联系一下吗？

   女：没问题！你去之前告诉我一下，我可以事先给她打个电话。

   问：黄英会做什么？

   A. 跟王欣联系业务　B. 去王欣那儿　　C. 跟王欣联系　　答案：C

7. 女：我们到了北京后，再去找宾馆吧。

   男：与其临时去找，还不如事先订好一个宾馆呢。

问：男的想怎么找宾馆？

A. 去北京前就订　　B. 到了北京再找　　C. 到北京时临时去找　　答案：A

8. 男：你只去北京三天，怎么要带这么多衣服啊，不能减少一些吗？

女：这些衣服都是拍照时要穿的，怎么能随便减少呢？

问：女的是什么意思？

A. 可以减少一些衣服

B. 这些衣服都要带

C. 拍照时要多穿衣服　　　　　　　　　　　　　　　答案：B

9. 男：你怎么光看风景，不拍照呢？

女：我不论去哪儿旅游都不太拍照，到了一个地方稍微拍几张就行了。

问：女的去旅游时常常怎么样？

A. 拍的照很少　　　B. 不拍照　　　C. 只是看风景　　答案：A

10. 男：我想了解一些西藏的传统文化，你能给我推荐一些资料吗？

女：我也不太清楚，你自己上网去查吧。

问：女的让男的做什么？

A. 了解西藏的文化

B. 推荐关于西藏的资料

C. 用电脑查资料　　　　　　　　　　　　　　　　　答案：C

三、听下列课文，并做练习

课文一

丽莎：我打算今年寒假去青岛，你看怎么样？

李阳：青岛真的很漂亮。不过，我建议你暑假时去那儿比较好。

丽莎：是吗，为什么？

李阳：因为夏天去可以游泳，还可以躺在沙滩上晒晒太阳。

丽莎：你说得很有道理，那我就夏天去。李阳，这儿有没有直接飞到青岛的飞机？

李阳：有啊！丽莎，如果你暑假去，学生买飞机票还可以打折呢。

丽莎：太好了！那飞机票好买吗？

李阳：今年去那儿的人也肯定很多，你得提前去订。要是订晚了，你后悔也来不及了。

丽莎：那我一定提前去订，还要早点儿去买游泳衣。

李阳：对的，早点儿做准备比较好。

练习

（一）听两遍，选择正确答案

1. 丽莎什么时候会去青岛？
   A. 今年寒假　　　B. 明年夏天　　　C. 今年暑假　　　答案：C

2. 丽莎能不能从这儿直接坐飞机到青岛？
   A. 不能　　　　　B. 可以　　　　　C. 恐怕不行　　　答案：B

3. 丽莎暑假时去青岛可以买到什么？
   A. 打折的机票　　B. 便宜的东西　　C. 游泳衣　　　　答案：A

4. 李阳让丽莎早点儿做什么？
   A. 订飞机票　　　B. 买游泳衣　　　C. 去青岛旅游　　答案：A

5. 关于丽莎，下面哪句话是不对的？
   A. 她会提前订机票
   B. 她去青岛会后悔
   C. 她会去买游泳衣　　　　　　　　　　　　　　　　答案：B

（二）再听一遍，回答问题

1. 为什么夏天去青岛比较好？
2. 丽莎可以从这儿直接飞到青岛吗？
3. 学生暑假坐飞机可以买到什么机票？
4. 李阳为什么让丽莎提前订机票？
5. 丽莎去青岛前还会买什么？

第十七课

课文二

黄佳佳：金大永，听说你要在今年的晚会上表演京剧？

金大永：对啊，我很喜欢中国的传统文化，京剧就是中国传统文化的代表嘛！

黄佳佳：那么，你是怎样了解京剧的呢？

金大永：去年我认识了一位老人，他唱了两段京剧给我听，从此我就对京剧着了迷。

黄佳佳：你那么喜欢京剧，有老师教你吗？

金大永：有啊！我已经学了半年了，现在会唱一点儿了。当然，还是初级水平。

黄佳佳：我一定会去看你表演的，为你鼓掌。

金大永：黄佳佳，谢谢你！希望这回我别出洋相。

黄佳佳：出洋相也没关系啊，你是外国人嘛！

练习

（一）听两遍，辨别对错

1. 金大永会在晚会上表演京剧。　　　　（对）
2. 京剧是中国传统文化的代表。　　　　（对）
3. 是一位老人教金大永唱京剧的。　　　（错）
4. 黄佳佳听金大永唱过京剧。　　　　　（错）
5. 金大永担心表演的时候唱不好。　　　（对）

（二）再听一遍，回答问题

1. 金大永为什么喜欢京剧？
2. 金大永是怎样迷上京剧的？
3. 金大永认为自己唱得怎么样？
4. 这次晚会黄佳佳会怎么做？
5. 金大永希望表演时别怎么样？

第十八课

一、听下列句子，选择正确答案

1. 这儿的交通状况实在是糟糕，今天我开车来这儿，足足开了一个小时。

   问：说话人认为这儿的交通状况怎么样？

   A. 很不错　　　　　B. 还可以　　　　　C. 太差了　　　答案：C

2. 哈利来上海时正是雨季，他觉得这雨季好像永远不会停一样。

   问：哈利认为上海的雨季怎么样？

   A. 好像时间不长　　B. 下一会儿就会停　　C. 一直都不会停　答案：C

3. 王经理一定要李阳赞成他的意见，可我知道李阳是不会向他低头的。

   问：李阳会怎么做？

   A. 赞成王经理的意见

   B. 坚持自己的意见

   C. 按王经理的意见做　　　　　　　　　　　　　　　答案：B

4. 由于老王不同意这个计划，这项工程只好暂时停下来了。

   问：现在这项工程怎么了？

   A. 没有做　　　　　B. 在继续做　　　　C. 永远不做了　　答案：A

5. 最近我觉得疲劳得不得了，所以不得不暂时停下工作，休息了几天。

   问：说话人怎么了？

   A. 有几天没上班

   B. 以后不工作了

   C. 没有休息的时间　　　　　　　　　　　　　　　　答案：A

6. 黄英，你不是去参加什么重要的宴会，用得着穿这么漂亮的衣服吗？

   问：说话人认为黄英应该怎么做？

   A. 穿上好看的衣服　B. 不用穿漂亮的衣服　C. 去参加宴会　　答案：B

7. 李阳，虽然这件衣服的样式不错，可你也不能老穿这件衣服啊！

   问：关于这件衣服，我们可以知道什么？

   A. 样式太老了　　　B. 李阳很少穿　　　C. 李阳一直穿着　　　答案：C

8. 咱们别急着去王欣的单位，先给她打个电话吧。如果她回家了，那咱们不是白去了吗？

   问：说话人是什么意思？

   A. 跟王欣联系后再去

   B. 他们去了王欣的单位

   C. 王欣已经回家了　　　答案：A

9. 芳子想找丽莎一起去商店，但她忘了丽莎住的房间号，于是她只好去问前台服务员。

   问：芳子在哪里能找到丽莎？

   A. 学校　　　　B. 餐厅　　　　C. 宾馆　　　答案：C

10. 王欣，你做这个决定前，怎么能不征求一下经理的意见呢？

    问：说话人认为王欣应该怎么做？

    A. 先问一下经理　　B. 可以自己决定　　C. 用不着经理同意　　答案：A

二、听下列对话，选择正确答案

1. 男：上次我来这儿的时间太紧了，还没来得及和你好好谈一谈就走了。

   女：没关系，这一次我们在一个旅行团里，机会多得是呢！

   问：男的上次来这儿时是怎样的？

   A. 跟女的在一个旅行团

   B. 跟女的谈了很久

   C. 来不及跟女的多谈　　　答案：C

2. 男：明天我们的活动很丰富，又要去长城，又要去看电影。

   女：是啊，所以今天晚上我们都要好好休息，不然明天肯定会很疲劳。

   问：他们为什么要好好休息？

   A. 觉得太疲劳了　　B. 今天没有休息过　C. 明天有很多活动　　答案：C

3. 男：听说你以前去过泰山，登上泰山顶了吗？
   女：本来我打算登上山顶的，但是突然下雨了，路不好走，我不得不下山了。
   问：女的为什不得不下山呢？
   A. 泰山太高了　　　B. 雨天路不好走　　　C. 她太疲劳了　　　答案：B

4. 男：你买这把伞吧，去旅行时可以带上它。
   女：你说得有道理，这样就既不用怕下雨，也不用怕晒太阳了。
   问：女的认为这把伞怎么样？
   A. 去旅行时用得着
   B. 去旅行时用不着
   C. 太阳厉害时没有用　　　答案：A

5. 女：这几天总是下雨，洗的衣服几天都干不了，真讨厌！
   男：可这儿到处都是花草树木，连空气中都带着花草的香味。
   问：这儿的环境怎么样？
   A. 让人讨厌　　　B. 很优美　　　C. 不怎么样　　　答案：B

6. 女：我从来没有去过上海，还真怕自己迷路呢！
   男：别担心，我会开车来接你，你只要带好自己的行李就可以了。
   问：女的为什么担心？
   A. 怕找不到路　　　B. 她不会开车　　　C. 她的行李太多　　　答案：A

7. 女：您好！我的车突然坏了，您能帮我修一下吗？
   男：好的，我会尽可能帮助你的。
   问：关于男的，下面哪句话是对的？
   A. 他可能会帮助女的
   B. 他会帮女的修车
   C. 他会帮女的开车　　　答案：B

8. 男：昨天我坐地铁去南京路，才半个小时就到人民广场了。
   女：是啊，从这儿去那儿挺方便的，而且不用换别的车。
   问：男的觉得坐地铁去南京路快不快？
   A. 不快　　　B. 很快　　　C. 很慢　　　答案：B

9. 男：新的铁路修好了以后，现在到西藏旅游只要坐三天火车了。
   女：是吗？我以为还是需要五天五夜呢！
   问：现在坐火车去西藏的时间长吗？
   A. 比以前长　　　　B. 跟以前差不多　　　　C. 比以前短　　　答案：C

10. 男：你怎么不出去玩儿呢，这不等于白来西藏了吗？
    女：没办法啊，我的高原反应太厉害了！
    问：这段对话告诉我们什么？
    A. 女的没白来西藏
    B. 女的不想出去玩儿
    C. 女的身体不舒服　　　　　　　　　　　　　　　　　答案：C

三、听下列课文，并做练习

课文一

丽莎：哈利，我这里有一些很漂亮的照片，你要不要看一下？

哈利：当然要看啊！照片中的景色真美，这是哪里啊？

丽莎：这是云南的大理，一个既美丽又古老的地方。

哈利：丽莎，你是什么时候去的？

丽莎：我是春天去的，你从照片里我穿的衣服就可以知道啊！

哈利：我还以为是冬天呢！你看，这山上还有雪呢！

丽莎：这座山叫玉龙雪山，因为山非常高，所以即使在春天，山上也有很多雪。

哈利：你还去了云南的哪些地方呢？

丽莎：后来我还去了昆明和西双版纳，景色也十分漂亮，以后再给你看那儿的照片吧。

哈利：听你这样说，我明年春天也想去云南了。

练习

（一）听两遍，选择正确答案

1. 丽莎的这些照片是在哪儿拍的？
   A. 昆明　　　　B. 大理　　　　　　　C. 西双版纳　　答案：B
2. 丽莎觉得照片里的这个地方怎么样？
   A. 不太古老　　B. 古老而美丽　　　　C. 气候温暖　　答案：B
3. 丽莎是什么时候去的大理？
   A. 冬天　　　　B. 夏天　　　　　　　C. 春天　　　　答案：C
4. 丽莎以后还要给哈利看什么照片？
   A. 在山上拍的　B. 在昆明和西双版纳拍的　C. 在大理拍的　答案：B
5. 哈利打算什么时候去云南呢？
   A. 明年春天　　B. 明年夏天　　　　　C. 明年冬天　　答案：A

（二）再听一遍，回答问题

1. 为什么哈利认为丽莎是冬天去的云南？
2. 玉龙雪山为什么在春天还有雪呢？
3. 云南的大理是个怎样的地方？
4. 丽莎去了云南的哪几个地方？
5. 哈利以后还能看到什么照片？

课文二

黄　　英：唐老师，你的这套新房子又漂亮又明亮，真舒适啊！

唐老师：这是我去年刚买的，搬进来还不到一个月呢。

黄　　英：这儿周围的环境也挺好的，完全超过了我的想象。

唐老师：确实是不错，只是离市中心比较远，交通也不太方便。

黄　　英：那你去买辆车吧，那不就能解决交通的问题了吗？

唐老师：买辆车虽然好，可是每年要付的费用挺多的。

黄　　英：可能打的还比自己开车省钱呢！

唐老师：你说得有道理。我遇到急事的时候，就常常打的，这既方便又省事。
黄　英：等我有钱了，也在这儿买套房子吧。
唐老师：黄英，那你可要考虑周到，特别是交通的问题要好好考虑。
黄　英：那我就买辆车吧，除了上班用以外，周末还可以开着它去游山玩水呢！

练习

（一）听两遍，辨别对错

  1. 唐老师刚搬进这套房子不久。　　　　（对）

  2. 唐老师住的地方离市中心不近。　　　　（对）

  3. 黄英认为自己开车比打的省钱。　　　　（错）

  4. 唐老师认为打的更省钱省事。　　　　（对）

  5. 黄英常常自己开车去游山玩水。　　　　（错）

（二）再听一遍，回答问题

  1. 黄英认为唐老师的新房子怎么样？

  2. 黄英原来以为那儿的环境怎么样？

  3. 唐老师为什么不想买车？

  4. 唐老师让黄英考虑的问题是什么？

  5. 黄英为什么想以后买辆车？

第十九课

一、听下列句子，选择正确答案

1. 芳子跟哈利、金大永这些男同学不一样，她刚来中国时经常感到很寂寞。
   问：谁刚来中国时觉得很寂寞？
   A. 芳子　　　　　B. 哈利　　　　　C. 金大永　　　　　答案：A

2. 小李，你怎么光想到世界各地去游山玩水，就不想想该怎样学习吗？
   问：小李想到世界各地去做什么？
   A. 学习　　　　　B. 旅游　　　　　C. 爬山　　　　　答案：B

3. 关于今年暑假的旅游计划，芳子和丽莎还要好好研究一下。
   问：芳子和丽莎要做什么？
   A. 考虑一个计划　　B. 研究怎样学习　　C. 马上去旅游　　答案：A

4. 李阳一直想陪丽莎去逛逛上海的繁华地带，可最近总是抽不出时间来。
   问：李阳最近怎么样？
   A. 陪丽莎去逛了街
   B. 没空去逛街
   C. 可以逛一下上海繁华地段　　　　　答案：B

5. 我好不容易才空下来，怎么又有这么多事情要处理了！
   问：说话人现在怎么样？
   A. 可以休息了　　B. 没有事情可以做　C. 又要处理事情了　　答案：C

6. 今天的行程结束后，哈利回到宾馆就拼命地喝水。
   问：这句话是什么意思？
   A. 哈利在途中喝了水
   B. 哈利喝了很多水
   C. 哈利的行程还没结束　　　　　答案：B

第十九课

7. 刚才李阳从北京打电话给我,让我托人给他带一些研究资料去。

    问:李阳让"我"做什么?

    A. 去北京给他一些资料

    B. 请人带给他一些资料

    C. 托人找一些研究资料   答案:B

8. 现在旅游市场的竞争太激烈了,我们旅行社不拼命工作怎么行?

    问:说话人的想法是什么?

    A. 努力去竞争   B. 别拼命工作   C. 竞争得太激烈不好   答案:A

9. 天气预报说今天最高温度才五度,今天果然是这样。

    问:今天的温度跟天气预报说得一样吗?

    A. 不一样   B. 有差别   C. 相同   答案:C

10. 哈利房间号是306号,金大永就住在他的隔壁。

    问:金大永的房间号可能是什么?

    A. 307号   B. 316号   C. 206号   答案:A

二、听下列对话,选择正确答案 🎧

1. 男:现在找工作时的竞争太激烈了,你只懂一种外语是不行的。

    女:你说得对,除了英语以外,我现在还在学日语和韩国语呢!

    问:女的学了几种外语?

    A. 一种   B. 两种   C. 三种   答案:C

2. 男:今年五一假期来杭州旅游的人还真多!

    女:是啊,今年来杭州旅游的人数远远超过了去年。

    问:今年来杭州旅游的人多不多?

    A. 不太多   B. 没有去年多   C. 比去年多   答案:C

3. 女:我感冒了,可是我不想吃药。

    男:不吃药可不行啊,感冒会越来越厉害的!

    问:男的是什么意思?

A. 女的一定要吃药

B. 女的不需要吃药

C. 女的感冒更厉害了 答案：A

4. 女：现在我对这个工作还不太熟悉。

男：只要坚持下去，就会越来越有经验的。

问：女的现在工作的情况怎么样？

A. 越来越有经验了　B. 经验不丰富　　C. 不太想坚持做了　答案：B

5. 男：芳子，丽莎托我给你带了一份礼物来，我放在你的桌子上了。

女：哈利，真是给您添麻烦了！

问：哈利做了什么？

A. 送给芳子一份礼物

B. 给芳子带来了东西

C. 给芳子添了麻烦 答案：B

6. 男：对于我来说，只要能学好汉语就很满足了。

女：可我还想在中国找到一份好工作。

问：男的是什么意思？

A. 能学汉语就满足了

B. 只要有工作就行了

C. 能学好汉语就够了 答案：C

7. 男：黄英在你们公司干得怎么样？

女：可以说，为了完成每项工作任务，她付出了自己所有的时间和精力。

问：黄英是个怎样的人？

A. 拼命工作的人　　B. 没有精力的人　　C. 能抽出时间的人　答案：A

8. 男：下个星期三芳子过生日，别忘了买礼物哦！

女：她过生日前，你再提醒我一下吧。

问：女的是什么意思？

A. 她已经买了礼物

B. 她不知道芳子的生日

C. 她可能会忘了 答案：C

第十九课

9. 女：你早就想来中国学习了吗？
   男：是啊，现在我的梦想终于实现了。
   问：关于男的，我们可以知道什么？
   A. 他想实现自己的梦想
   B. 现在他想来中国了
   C. 现在他在中国　　　　　　　　　　　　　　　　答案：C

10. 男：丽莎，你这次去杭州遇见哈利了吗？
    女：遇见了。李阳，他还托我向你表示问候呢。
    问：谁向谁表示问候？
    A. 哈利向李阳　　　B. 哈利向丽莎　　　C. 李阳向丽莎　　答案：A

三、听下列课文，并做练习

课文一

李阳：丽莎，你来中国多长时间了？

丽莎：让我想一想，我来中国三年半了。

李阳：你的汉语说得很棒了！

丽莎：谢谢！为了学好汉语，我付出了自己所有的时间和精力啊！

李阳：对于外国人来说，要学好汉语可真不是一件容易的事。

丽莎：可是，李阳，你知道吗，我刚学汉语时，出过不少洋相呢。

李阳：是吗？说给我听听吧！

丽莎：我记得刚到北京时很喜欢吃包子，但我常常把"包子"说成"报纸"。

李阳：那大家肯定都笑你了吧？

丽莎：可不是吗！每当我想起这件事情的时候，连我自己都会笑起来。

练习

（一）听两遍，选择正确答案

1. 丽莎来中国多长时间了
   A. 两年　　　　B. 三年　　　　C. 三年半　　　答案：C

2. 丽莎能拼命地学汉语吗？
   A. 可以　　　　　B. 不能　　　　　C. 不知道　　　　答案：A
3. 丽莎刚学汉语时的口语怎么样？
   A. 说得很棒　　　B. 不太会说错　　C. 发音不太好　　答案：C
4. 丽莎刚到北京时喜欢什么？
   A. 看报纸　　　　B. 吃包子　　　　C. 喜欢笑　　　　答案：B
5. 丽莎想起发音不好的事情时会怎么样？
   A. 感到很兴奋　　B. 感到很高兴　　C. 感到有意思　　答案：C

（二）再听一遍，回答问题
1. 李阳认为丽莎的汉语说得怎么样？
2. 丽莎说自己是怎样学汉语的？
3. 丽莎刚学汉语时出过洋相吗？
4. 丽莎把"包子"说成了什么？
5. 大家听到丽莎说错时都怎么样了？

课文二

李阳：王欣，你当导游多长时间了？

王欣：快五年了吧。

李阳：那你的经验很丰富了。最近，你们旅行社的生意怎么样？

王欣：没有以前那么好了。

李阳：现在旅游市场的竞争太激烈了！

王欣：可不是吗？现在新开的旅行社越来越多了，竞争当然更厉害了。

李阳：所以你们只有提供更周到的服务，才能吸引更多的游客。

王欣：李阳，你说得有道理。现在我们的服务还不太周到，还需要努力，尽量让游客满意。

李阳：最近，你还要带旅游团出去吗？

王欣：是的，下个星期就有，今天我就得安排好行程和路线。

李阳：那你赶紧去处理事情吧。

练习

（一）听两遍，辨别对错

1. 王欣当导游已经有五年多了。　　　　　（错）
2. 旅游市场的竞争比以前更激烈了。　　　（对）
3. 王欣的旅行社服务还不太周到。　　　　（对）
4. 王欣今天要带旅游团去旅游。　　　　　（错）
5. 王欣今天要做出旅游的计划。　　　　　（对）

（二）再听一遍，回答问题

1. 李阳认为王欣当导游的经验丰富吗？
2. 最近，王欣的旅行社生意怎么样？
3. 现在，旅游市场的情况有了什么变化？
4. 李阳认为旅行社应该怎样做？
5. 王欣今天要做什么事情？

第二十课

一、听下列句子，选择正确答案

1. 王欣刚到西藏就有高原反应，觉得很不舒服，还好车上有补充氧气的设备。
   问：王欣觉得不舒服的原因是什么？
   A. 坐了很久的车　　B. 高原上氧气少　　C. 车上没有氧气　　答案：B

2. 可能会污染环境的公司，必须得装上特殊的处理污染的设备。
   问：会污染环境的公司必须得有什么设备？
   A. 特殊的设备　　B. 装污染环境的设备　C. 处理污染的设备　　答案：C

3. 李阳晚上兴奋得睡不着，白天跟朋友谈的那些事，不断出现在他的脑子里。
   问：李阳为什么晚上睡不着？
   A. 白天谈得太累了　B. 没有吃睡觉的药　C. 还在想白天谈的事　答案：C

4. 王欣，你带学生去旅游时可要小心，别发生什么意外的事情。
   问：说话人让王欣要重视什么？
   A. 安全的问题　　B. 意外的事情　　C. 旅游以外的事情　　答案：A

5. 我在北京的时候吃过一次烤鸭，可来这儿以后一次也没吃过。
   问：说话人吃过烤鸭吗？
   A. 从来没吃过　　B. 在北京吃过一次　C. 在这儿吃过一次　　答案：B

6. 王欣早上醒来发现已经七点半了，离要上车的时间只剩半个小时了。
   问：上车的时间应该是几点？
   A. 七点　　　　　B. 七点半　　　　　C. 八点　　　　　答案：C

7. 哈利虽然只睡了一会儿，可醒来却觉得好像睡了好久一样。
   问：这句话是什么意思？
   A. 哈利睡的时间不长
   B. 哈利睡了好久
   C. 哈利睡了后不容易醒　　　　　　　　　　　　　　答案：A

8. 春天去海南旅行，就好像走进了花的海洋。

   问：海南怎么样？

   A. 海很美　　　　　B. 花很多　　　　　C. 地方很大　　　答案：B

9. 现在，王欣已经渐渐熟悉了旅行社的业务，工作起来也越来越有信心了。

   问：王欣现在怎么样？

   A. 刚开始去旅行社工作

   B. 对业务越来越了解了

   C. 打算慢慢熟悉业务　　　　　　　　　　　　　　　答案：B

10. 现在动作片、惊险片拍了不少，可是还缺乏反映历史变化的电影。

    问：现在什么电影不太多？

    A. 历史片　　　　　B. 动作片　　　　　C. 动画片　　　答案：A

二、听下列对话，选择正确答案

1. 男：明天我要去参加一场足球比赛，你去看吗？

   女：当然去。但是你踢球时最好小心点儿，要避免你的腿再受伤。

   问：这段对话告诉我们什么？

   A. 男的腿受过伤

   B. 女的不让男的踢球

   C. 男的不小心受了伤　　　　　　　　　　　　　　　答案：A

2. 男：你去过西藏，觉得那儿怎么样？

   女：我觉得很难用语言形容那儿的美景。

   问：女的觉得西藏的风景怎么样？

   A. 很难说　　　　　B. 非常美　　　　　C. 不太美　　　答案：B

3. 男：你一个人去爬那座雪山，太危险了。

   女：即使危险，我也要去。你不是也一个人去爬过那座山吗？

   问：女的是什么意思？

   A. 跟男的一起去爬山　　B. 爬山并不危险　　C. 自己不怕危险　　答案：C

4. 男：你快点儿整理好东西，马上去那里集合吧！就剩你一个人没上车了。
   女：请稍等一下，我的车票不见了。
   问：女的正在做什么？
   A. 整理东西　　　　B. 找车票　　　　C. 准备上车　　　　答案：B

5. 男：明天我就要去爬黄山了。
   女：要记住，别一边看风景，一边爬山，这样很危险。
   问：女的给男的建议是什么？
   A. 不要去黄山　　　B. 不要欣赏风景　　C. 爬山时要小心　　答案：C

6. 男：我们的时间很紧，你快点走吧！再不快点儿就很难赶上火车了。
   女：我还在整理研究资料，马上就来。
   问：女的不快点儿走会怎么样？
   A. 来不及研究资料　B. 来不及整理东西　C. 来不及上火车　　答案：C

7. 男：明天的活动还没安排好，你们先回房间休息一下儿，吃晚饭时再商量。
   女：我们不累，最好大家现在就商量一下儿。
   问：女的说要商量什么？
   A. 吃晚饭的时间　　B. 明天的活动　　　C. 住在哪里　　　　答案：B

8. 男：去北京的航班不是下午三点的吗？
   女：不好意思，您坐的航班要晚一个小时出发。
   问：这次去北京的航班几点出发？
   A. 下午四点　　　　B. 下午三点　　　　C. 下午两点　　　　答案：A

9. 男：王欣还没醒吗？
   女：可不是吗！还在床上睡着呢，喊了半天也没见她起来。
   问：下面哪句话是对的？
   A. 王欣起来半天了　B. 王欣已经醒了　　C. 王欣还在睡觉　　答案：C

10. 男：你的行李怎么还没出来，可能是弄错取的地方了吧？
    女：我的航班是在10号取行李啊，怎么会弄错呢？
    问：女的说自己没有弄错什么？
    A. 乘坐的航班　　　B. 取行李的地方　　C. 自己的行李　　　答案：B

第二十课

三、听下列课文，并做练习

课文一

李阳：黄英，这几天在干什么呢？

黄英：除了睡觉，什么也没干。

李阳：是身体不舒服吗？

黄英：不是。前几天我在参加毕业前的考试，整整考了三天，实在太累了！

李阳：哦，原来是这样。那现在就要开始找工作了吧？

黄英：是啊！同学们都在陆续找工作了。李阳，你看，我适合干什么工作呢？

李阳：我看，你当导游挺合适的。

黄英：你说得有道理。那你有没有在旅行社工作的朋友？

李阳：有啊，有几个还是经理呢！如果你想干，我可以向他们推荐你。

黄英：谢谢！那我今天再去征求一下父母的意见。

李阳：这是应该的，考虑得周到点儿比较好。

练习

（一）听两遍，选择正确答案

1. 黄英这几天在干什么？

    A. 参加考试   B. 只是睡觉   C. 在找工作   答案：B

2. 黄英的一些同学已经在做什么了？

    A. 找工作   B. 去旅游   C. 准备考试   答案：A

3. 李阳认为黄英适合干什么工作？

    A. 当老师   B. 当经理   C. 当导游   答案：C

4. 李阳会帮黄英做什么？

    A. 认识几个导游   B. 推荐工作   C. 联系旅游的事   答案：B

5. 黄英会去旅行社工作吗？

    A. 不一定   B. 肯定会   C. 不可能   答案：A

（二）再听一遍，回答问题

    1. 黄英为什么会很疲劳？

    2. 黄英的同学都在陆续做什么了？

    3. 李阳为什么建议黄英当导游？

    4. 李阳可以向谁推荐黄英？

    5. 黄英今天会做什么？

课文二

哈利：丽莎，就要到西藏了，真是好不容易啊！

丽莎：可不是吗？坐了三天两夜的火车，我几乎累得动不了了。

哈利：你觉得有高原反应吗？

丽莎：好像有点儿难受，呼吸有些困难。

哈利：列车上有补充氧气的设备，能减轻高原反应，你去一下吧。

丽莎：好，我现在就去。

哈利：别走得太快了！

丽莎：我知道。刚才列车员说了，刚到西藏的人可能会有高原反应，要稍微走得慢一点儿。

哈利：对！西藏的平均海拔是4500米，所以特别是下车后不要跑和跳，不然是很危险的。

丽莎：那是得当心。哈利，你看一下表，还有多长时间能到？

哈利：还要十几分钟呢，你现在去补充一些氧气吧，可以舒服些。

练习

（一）听两遍，辨别对错

    1. 丽莎已经动不了了。　　　　　　　（错）

    2. 哈利有一些高原反应。　　　　　　（错）

    3. 哈利让丽莎去补充一些氧气。　　　（对）

4. 丽莎的高原反应已经减轻了。　　　（错）

5. 下火车后跑和跳都是危险的。　　　（对）

（二）再听一遍，回答问题

1. 丽莎累得怎么样了？

2. 丽莎为什么会觉得难受？

3. 哈利让丽莎去做什么？

4. 刚到西藏的人应该注意什么？

5. 西藏的平均海拔是多少？

第二十一课

一、听下列句子，选择正确答案

1. 要到考试结束后，才可以松一口气吧！

   问：这句话是什么意思？

   A. 考试结束了　　　B. 可以轻松了　　　C. 现在还不能休息　　答案：C

2. 小李期中考试的成绩很差，他决定从此以后再也不玩电脑游戏了。

   问：小李的决定是什么？

   A. 考试前不玩电脑游戏

   B. 考试后再玩电脑游戏

   C. 不玩电脑游戏了　　　　　　　　　　　　　　　　　答案：C

3. 我觉得，这次比赛能不能得奖是无所谓的，只要自己努力了就好了。

   问：关于这次比赛，说话人是怎么想的？

   A. 得奖不是最重要的

   B. 一定要得奖

   C. 不参加也没关系　　　　　　　　　　　　　　　　　答案：A

4. 虽然下了点儿小雨，不过一点儿也不影响运动会的热烈气氛。

   问：运动会的气氛怎么样？

   A. 下雨后不热烈了　　B. 一直很热烈　　C. 下雨后更加热烈　　答案：B

5. 小王，你的小刀在安全检查时被没收了，这绝对不是运气不好，而是你太没头脑。

   问：对于小王，说话人的看法是什么？

   A. 他的运气太差

   B. 他不应该带着小刀

   C. 他的小刀不该被没收　　　　　　　　　　　　　　　答案：B

第二十一课

6. 别看这家商店和学校的距离挺远，去买东西的学生可一点儿也不少。

　　问：关于这家商店，我们可以知道什么？

　　A. 离学校很远

　　B. 买东西的学生不多

　　C. 离学校的距离很近　　　　　　　　　　　　　　　答案：A

7. 在机场经过安全检查时，我哪知道那块石头会被没收呢？

　　问：说话人不知道的是什么？

　　A. 机场有安全检查

　　B. 石头应该放在哪儿

　　C. 石头不能带　　　　　　　　　　　　　　　　　　答案：C

8. 我走都走不动了，哪能再跟你们出去玩儿呢？

　　问：说话人现在怎么了？

　　A. 没有力气了　　　　B. 还走得动　　　C. 能再出去玩儿　答案：A

9. 哈利见地上放着两个箱子，想都没想就拿了一个，后来才发现拿错了。

　　问：下面哪句话是正确的？

　　A. 哈利有两个箱子

　　B. 哈利拿了别人的箱子

　　C. 哈利不想拿箱子　　　　　　　　　　　　　　　　答案：B

10. 男：车厢里太闷热了，我都热得出了一身汗了。

　　女：如果再不开窗，我都快变成烤鸭了。

　　问：女的想做什么？

　　A. 买烤鸭　　　　　　B. 开窗　　　　　C. 出一点汗　　答案：B

二、听下列对话，选择正确答案

1. 男：听说上海六七月时常常下雨，是吗？

　　女：不仅常常下雨，而且有时候虽然气温不高，但闷热得不得了。

　　问：女的觉得上海六七月的天气怎么样？

　　A. 气温非常高　　　　B. 让人难受　　　C. 不太闷热　　答案：B

2. 男：我看这件衣服太小了，你拿去送人吧。

　　女：你怎么穿都没穿就说不合适呢？

　　问：关于这件衣服，我们可以知道什么？

　　A. 男的穿过了　　　　B. 男的送给别人了　C. 男的没有试过　　答案：C

3. 男：昨天我不小心把护照丢了，真是倒霉透了！

　　女：哈利，你这个人真是太没头脑了，你不知道丢了护照会很麻烦吗？

　　问：女的认为哈利是个怎么样的人？

　　A. 没有运气的人　　B. 不怕麻烦的人　　C. 做事不小心的人　答案：C

4. 男：王欣，我的书怎么到你这儿来了？

　　女：这哪是你的呀！李阳，你再好好儿看看，上面不是写着我的名字吗？

　　问：这本书是谁的？

　　A. 王欣的　　　　　　B. 李阳的　　　　　C. 不知道　　　　　答案：A

5. 男：咱们去北京是坐飞机去，还是坐火车去？

　　女：咱们在那儿的时间比较紧，还是坐飞机吧，价格贵点儿也无所谓。

　　问：女的认为什么是无所谓的？

　　A. 去北京的时间　　B. 要去的地方　　　C. 机票的价格　　　答案：C

6. 女：李阳，芳子唱歌唱得怎么样？

　　男：绝对不比你差。王欣，你晚上去听了就知道了。

　　问：李阳认为芳子唱得怎么样？

　　A. 唱得比王欣好　　B. 唱得没有王欣好　C. 唱得比王欣差　　答案：A

7. 女：哈利，你去参加这个活动吗？

　　男：这是我们班的集体活动，每个人都该积极参加的，怎么能不去呢？

　　问：哈利会做什么？

　　A. 参加别的活动　　B. 参加这个活动　　C. 不参加这个活动　答案：B

8. 男：老师，明天几点考试啊？

　　女：跟平时上课的时间一样，比上课的时间早一点儿来就可以了。

　　问：他们明天几点开始考试？

　　A. 比上课时间早　　B. 跟上课时间相同　C. 比上课时间晚　　答案：B

第二十一课

9. 男：你第一次来这儿，累了吧？

女：没事儿！我们在路上边聊天边看风景，好像没多久就到了。

问：女的觉得怎么样？

A. 时间过得很快　　B. 路上用的时间很长　　C. 非常疲劳　　　答案：A

10. 男：你看，这些衣服都是打折的，咱们买几件吧。

女：你先看看价钱吧，怎么看都不看就要买？

问：女的认为买衣服时应该怎么样？

A. 只要便宜就买　　B. 知道价钱就买　　　C. 先看价钱再决定　答案：C

三、听下列课文，并做练习

课文一

哈利：丽莎，别忘了，后天的晚会是七点开始。

丽莎：是吗？多谢你提醒我，我还以为是六点呢！

哈利：哪儿是六点啊！另外，每个人都要准备一个节目，你准备好了吗？

丽莎：我打算唱一首中国民族歌曲。

哈利：太好了！你唱歌的时候，我可以帮你录磁带。

丽莎：那么，哈利，你的节目是什么，还是表演杂技吗？

哈利：这回不表演了，我准备模仿各种鸟的叫声。

丽莎：那一定很有意思，我也想学，你能教我吗？

哈利：没问题！对了，后天你最好六点半就到，我们还可以再排练一下。

丽莎：好的，我们一定准时到。

练习

（一）听两遍，选择正确答案

1. 丽莎原来以为晚会是几点开始？

A. 六点　　　　B. 六点半　　　　C. 七点　　　　答案：A

2. 丽莎唱歌时，哈利会做什么？

    A. 跟她一起唱

    B. 把她唱的录下来

    C. 准备自己的节目　　　　　　　　　　　　　　答案：B

3. 哈利准备表演什么？

    A. 唱歌　　　　B. 学鸟叫　　　C. 杂技　　　　答案：B

4. 丽莎想请哈利教什么？

    A. 模仿鸟叫　　B. 杂技　　　　C. 中国民歌　　答案：A

5. 哈利让丽莎后天什么时候到？

    A. 晚会开始时到　B. 准时到　C. 提前半小时到　答案：C

（二）再听一遍，回答问题

1. 丽莎为什么要感谢哈利的提醒？
2. "哪儿是六点啊！"是什么意思？
3. 丽莎要唱什么歌？
4. 哈利要表演的节目是什么？
5. 哈利为什么让丽莎六点半就到？

课文二

哈利：丽莎，这次寒假旅行玩得开心吗？

丽莎：哈尔滨的雪景美极了，但是回来的路上，我们真是倒霉透了。

哈利：遇到什么倒霉事了？

丽莎：车刚开到半路上，车上的空调就坏了。哈利，你知道吗，那天冷得不得了。

哈利：是的，那几天的气温特别低，几乎都在零下二十几度。

丽莎：可不是吗，大家在车上都快变成冰棍了！

哈利：但这样的经历也挺有意思的！

丽莎：哪有什么意思啊！如果你亲自经历过，你就知道了。

第二十一课

练习

 （一）听两遍，辨别对错

  1. 丽莎在回来的路上遇到了倒霉事。　　　　（对）

  2. 汽车刚开，空调就坏了。　　　　　　　　（错）

  3. 丽莎回来的那天非常冷。　　　　　　　　（对）

  4. 哈利觉得丽莎的经历也很有意思。　　　　（对）

  5. 哈利也有过这样的经历。　　　　　　　　（错）

 （二）再听一遍，回答问题

  1. 丽莎在回来的路上觉得怎么样？

  2. 丽莎坐的车发生了什么问题？

  3. 那天的气温怎么样？

  4. 哈利认为丽莎遇到的事情怎么样？

  5. 哈利也经历过这样的事吗？

第二十二课

一、听下列句子，选择正确答案

1. 今天的开学典礼上，金大永代表所有的留学生发言，祝大家在新学期里心情好，学习好。

   问：关于金大永，下面哪一句是不对的？

   A. 他参加了开学典礼

   B. 他代表留学生发了言

   C. 大家祝他心情好   答案：C

2. 现在，同学们都忙着准备学期结束前的考试，还顾不上想旅游和回国的事情。

   问：同学们在做什么？

   A. 准备考试   B. 计划去旅行   C. 考虑回国的事   答案：A

3. 很多女孩子出门前，一定要把自己打扮得漂漂亮亮的。不然，一天的心情都会不好。

   问：这句话是什么意思？

   A. 女孩子很爱美

   B. 女孩子很漂亮

   C. 女孩子心情常常不好   答案：A

4. 芳子去购物时总要叫丽莎一起去，因为自己虽然懂一点儿中文，却完全不会讨价还价。

   问：芳子叫丽莎一起去的原因是什么？

   A. 丽莎也喜欢购物

   B. 芳子不会说中文

   C. 丽莎买东西能便宜些   答案：C

第二十二课

5. 王欣虽然不是富人，可就是喜欢购物。钱越多，花得也越快。

    问：关于王欣，我们可以知道什么？

    A. 她的钱很多　　　B. 她很爱花钱　　　C. 她的钱快花完了　　答案：B

6. 芳子打算叫黄佳佳一起去照相，可黄佳佳的手机一直关机，芳子只好算了。

    问：芳子不打算做什么了？

    A. 再找黄佳佳　　　B. 关手机　　　C. 给黄佳佳拍照　　答案：A

7. 金大永去过很多国家，包括中国、韩国、泰国，他准备下次要去一个英语国家旅行。

    问：金大永下次可能去哪儿旅行？

    A. 中国　　　B. 韩国　　　C. 美国　　答案：C

8. 丽莎的首饰在晚会上不见了，几个朋友分头帮她去找，终于找到了。

    问：丽莎的首饰是怎样找到的？

    A. 她自己找到的

    B. 朋友们帮她找到的

    C. 在家里找到的　　答案：B

9. 李阳，你的手机怎么老是关机？算了，我看你别用手机了！

    问：关于李阳，我们可以知道什么？

    A. 他不用手机了

    B. 他的手机不常开

    C. 他的手机应该关机　　答案：B

10. 真抱歉！现在我还有些事情要处理，顾不上跟你们聊天了。

    问：说话人是什么意思？

    A. 他顾不上那件事情了

    B. 他已经处理完了事情

    C. 他现在没有时间聊天　　答案：C

二、听下列对话，选择正确答案

1. 男：真羡慕你，年年都拿奖学金。
   女：只要刻苦学习，你也可以得到的。
   问：女的说了什么？
   A. 自己学习的情况
   B. 鼓励男的话
   C. 自己拿到奖学金的事　　　　　　　　　　　　　　答案：B

2. 男：我一直忙着布置会场，忘记打电话让你晚点儿来了。
   女：没关系，正好我可以帮你。
   问：女的会做什么？
   A. 帮男的忙　　　　B. 打电话　　　　C. 让男的晚点儿来　　答案：A

3. 男：哎呀，我的照相机怎么不见了？上午还给大家拍过照呢。
   女：你别着急。除了教室和办公室，你哪儿也没去，再去找找吧。
   问：男的照相机不会在哪儿？
   A. 教室里　　　　B. 办公室里　　　　C. 宿舍里　　　　答案：C

4. 男：不好意思，我想抽支烟。
   女：你怎么也染上了这种毛病。
   问：男的以前抽烟吗？
   A. 不抽烟　　　　B. 抽烟　　　　C. 生病时不抽　　　　答案：A

5. 男：丽莎，同学们让你唱一首中国民歌，你怎么不肯唱呢？
   女：我根本没听过中国民歌，怎么能答应唱呢？
   问：丽莎为什么没答应唱中国民歌？
   A. 她根本不会唱歌
   B. 她没听过中国民歌
   C. 她不肯唱任何歌　　　　　　　　　　　　　　　答案：B

6. 男：明天可能不会像今天这么热，你还去海里游泳吗？
   女：除了要处理事情以外，不管天气是冷还是热，我都要坚持去游的。
   问：女的什么时候不会去游泳？
   A. 天气热的时候　　B. 海水冷的时候　　C. 处理事情的时候　　答案：C

7. 男：今天是你的生日，肯定收到了不少礼物吧？
    女：是的，有书、衣服和各种各样的工艺品。
    问：女的生日礼物不包括什么？
    A. 书　　　　　　　　B. 日用品　　　　　　　C. 工艺品　　　　答案：B

8. 男：昨天你们去唱卡拉OK的时候，芳子也唱了吗？
    女：你别看她平时不太爱说话，可唱歌的时候一点儿也不落后。
    问：大家去唱卡拉OK时，芳子是怎样的？
    A. 不说话　　　　　　B. 很积极地唱　　　　　C. 不唱歌　　　　答案：B

9. 男：听说你的手机是三星牌，605型的。
    女：不是，605型的按键是白色的，我的是857型。
    问：女的手机是以下哪一种？
    A. 三星牌857型的　　B. 三星牌605型的　　C. 按键是白色的　　答案：A

10. 男：你看，这件首饰的样式怎么样？
    女：确实不错，但咱们还是看看就算了吧！
    问：关于这件首饰，女的是什么意思？
    A. 再看一下样式　　　B. 先看了再买　　　　　C. 不买这件首饰　　答案：C

三、听下列课文，并做练习

课文一

芳子：哈利，可找到你了，我们还以为你丢了呢！

哈利：芳子，怎么回事？我怎么会丢了呢？

芳子：我们走着走着，突然发现你不见了，然后就打你电话，又关机！

哈利：我没关机啊！……哎呀，原来手机没电了。

芳子：我和丽莎是分头来找你的，约好十分钟后在超市门口见面。

哈利：那我们快去吧！否则，连她也丢了就麻烦了。

芳子：下次我可不敢和你一起出来逛超市了。

哈利：你别生气，下次我肯定一直跟着你们。

芳子：算了！下次可别再只顾自己走了。

练习

（一）听两遍，辨别对错
1. 芳子一个人在找哈利。　　　　　　　　　（错）
2. 哈利不知道自己手机关机了。　　　　　　（对）
3. 现在他们不知道丽莎在哪儿。　　　　　　（错）
4. 他们十分钟后会在超市门口见面。　　　　（对）
5. 芳子下次不带哈利一起逛超市了。　　　　（错）

（二）再听一遍，回答问题
1. 芳子和丽莎以为哈利怎么了？
2. 哈利为什么没有接电话？
3. 芳子和丽莎约好在哪里见面？
4. 芳子见到哈利时生气了吗？
5. 最后芳子原谅哈利了吗？

课文二

早上起床后，李先生问他的太太在找什么。太太说，她正在找帽子和围巾。李先生很奇怪，已经是夏天了，怎么还要找帽子和围巾呢？于是，就问她把帽子和围巾放在哪儿了。他的太太说，她记得是放在她自己的柜子里了。

李先生知道，他的太太是个马虎的人，就问她找哪一顶帽子和哪一条围巾。太太说："就是你去年给我买的那顶黄色的帽子，还有那条白色的围巾。"

李先生说："你不是不喜欢那顶帽子和那条围巾吗？所以我就把它们送给我以前的女朋友了。"太太一听，非常生气。李先生连忙说："我哪儿敢呀？我是跟你开玩笑呢，我把帽子和围巾放在我的柜子里了。"

第二十二课

练习

（一）听两遍，选择正确答案

1. 李先生的太太在找什么？
   A. 帽子和围巾　　　　B. 柜子　　　　C. 衣服　　　　答案：A

2. 李先生的太太要找的帽子是什么颜色？
   A. 白色　　　　　　　B. 黄色　　　　C. 红色　　　　答案：B

3. 现在是什么季节？
   A. 春天　　　　　　　B. 夏天　　　　C. 秋天　　　　答案：B

4. 李先生太太要找的帽子和围巾在谁那儿？
   A. 李先生以前的女朋友
   B. 李先生的太太
   C. 李先生　　　　　　　　　　　　　　　　　　　　答案：C

5. 李先生是个怎么样的人？
   A. 马虎　　　　　　　B. 幽默　　　　C. 好生气　　　答案：B

（二）再听一遍，回答问题

1. 帽子和围巾是谁买的？
2. 李先生的太太以为帽子和围巾在哪儿？
3. 李先生的太太是个怎么样的人？
4. 李先生的太太为什么生气？
5. 帽子和围巾在哪儿？

第二十三课

一、听下列句子,选择正确答案

1. 哈利订好了明天去海南的机票,可是突然到来的暴雨使航班取消了。

   问:哈利为什么不能去海南?

   A. 没买到机票　　　B. 飞机不能起飞　　C. 突然有了别的事　　答案:B

2. 李阳还没把这个工作做完,除了因为身体不好以外,主要是因为没有这方面的经验。

   问:李阳为什么没完成这个工作?

   A. 身体不好

   B. 没接触过这个工作

   C. 不喜欢做这个工作　　　　　　　　　　　　　　　　　　答案:B

3. 中国有句古话:"上有天堂,下有苏杭。"但是对金大永来说,中国最美的地方是上海。

   问:金大永认为中国最美的地方是哪里?

   A. 杭州　　　　　　B. 苏州　　　　　　C. 上海　　　　　　答案:C

4. 金大永原来以为那个影视城的规模很大,可到了那儿才知道不是这样,这让他很失望。

   问:金大永为什么很失望?

   A. 没去成那个影视城

   B. 那个影视城的规模不大

   C. 那个影视城不热闹　　　　　　　　　　　　　　　　　　答案:B

5. 旅行社建议的行程基本符合芳子的要求,服务也很周到,于是她接受了他们的建议。

   问:芳子接受旅行社建议的原因是什么?

   A. 行程安排能满足她的要求

B. 她没有考虑过行程问题

C. 她自己不会安排行程　　　　　　　　　　　　　答案：A

6. 尽管黄佳佳是个又活泼又开朗的人，可有时候也会心情不好。

问：黄佳佳有时候会怎么样？

A. 不开朗　　　　　B. 不活泼　　　　　C. 不愉快　　　答案：C

7. 如果暴雨一直不停，那必然会影响航班的正常起飞，这让要去上海的乘客有些担心。

问：乘客的担心是什么？

A. 飞机有危险　　　B. 上海下暴雨　　　C. 航班会取消　　答案：C

8. 在晚会上，大家很高兴，有唱有跳，完全忘记了一天旅途的疲劳。

问：大家忘记了什么？

A. 旅途的疲劳　　　B. 旅途中唱的歌　　C. 旅途中的事　　答案：A

9. 李阳，等你的身体恢复了，咱们再重新定旅游的计划吧。

问：现在李阳怎么了？

A. 生病了　　　　　B. 在定计划　　　　C. 要去旅游　　答案：A

10. 哈利，尽管你参加了这次考试，可你的成绩真让我失望啊！

问：关于哈利，我们可以知道什么？

A. 他没参加考试

B. 他的考试成绩不好

C. 他对自己的成绩不满意　　　　　　　　　　　　答案：B

二、听下列对话，选择正确答案

1. 男：你说的那家旅行社可靠吗？

女：他们至今没有接到过一起投诉，还能不可靠吗？

问：女的认为那家旅行社怎么样？

A. 不可靠　　　　　B. 不能相信　　　　C. 肯定可靠　　答案：C

2. 男：丽莎，你汉语说得这么好，来中国几年了？

女：我来中国快六年了吧！

问：丽莎来中国多长时间了？

A. 正好六年　　　　B. 还不到六年　　　C. 六年多了　　答案：B

3. 男：王欣，现在小李在你们旅行社工作得怎么样？

   女：他很善于和顾客交流，受到了大家的一致称赞。

   问：关于小李，下面哪句话是正确的？

   A. 他能受到顾客欢迎

   B. 他称赞了顾客

   C. 他想跟顾客交流　　　　　　　　　　　　　　　　　　　答案：A

4. 男：那份租房子的合同怎么还没签好呢？

   女：我也着急啊，可有什么办法呢？那家房屋中介公司的办事效率太低了！

   问：女的认为那家房屋中介公司怎么样？

   A. 不会签合同　　　B. 办事效率高　　　C. 处理事情太慢　　答案：C

5. 男：王欣，现在你的英语水平怎么样？

   女：简单的生活对话基本没有问题了，但还是要进一步提高。

   问：王欣对自己的英语能力感到怎么样？

   A. 非常满足　　　　B. 还不满意　　　　C. 完全不行　　　　答案：B

6. 男：你再跟老板商量商量，如果能降低一些旅行的费用，我就跟你们签合同。

   女：好的，我跟老板商量后再告诉你。

   问：男的是什么意思？

   A. 他要跟老板商量

   B. 旅行社跟他签了合同

   C. 费用便宜就去旅行　　　　　　　　　　　　　　　　　　答案：C

7. 男：黄英，如果你见到李阳，让他来我的公司商量一些事情。

   女：好的，我会转告他的。

   问：黄英会做什么？

   A. 去男的公司

   B. 让李阳去男的公司

   C. 跟男的商量事情　　　　　　　　　　　　　　　　　　　答案：B

8. 男：听说你昨天参加了一次考试，觉得紧张不紧张？

   女：那当然紧张，现在总算可以轻松了。

   问：女的现在感觉怎么样？

   A. 不轻松　　　　　B. 很紧张　　　　　C. 不紧张了　　　答案：C

9. 男：对我和我太太来说，今天很重要，因为今天是我们结婚十周年纪念日。

   女：那你们今天可要好好庆祝啊！

   问：男的是什么时候结婚的？

   A. 今天　　　　　B. 十年前的今天　　　C. 十天前　　　　答案：B

10. 男：听说小丽是个很可爱的女孩，是吗？

    女：是啊！她不但长得很漂亮，而且也很活泼，你也会喜欢她的。

    问：关于小丽，下面哪句话是不对的？

    A. 她很活泼　　　　B. 很多人都喜欢她　　C. 男的认识她　　答案：C

三、听下列课文，并做练习

课文一

李阳：黄英，我打算暑假时去一次海南，你认识旅行社的人吗？

黄英：我有一个男同学是旅行社的老板，叫张海，你可以跟他联系一下。

李阳：他们这个旅行社怎么样？

黄英：李阳，你放心吧。虽然他们的规模不太大，但服务质量非常高。

李阳：那我怎么跟他联系呢？你有他们旅行社的地址吗？

黄英：没有。但我这儿有他的名片，上面有他的电话号码和e-mail，留给你吧。

李阳：谢谢！我随时都能跟他联系吗？

黄英：没问题！张海这个人很热情，很善于跟别人交流，办事效率也挺高的。

李阳：那我明天就跟他打电话。

黄英：好啊！你就说是我的朋友就行了，他可能还会主动给你降低一些费用呢。

练习

（一）听两遍，选择正确答案

1. 黄英认为张海的旅行社怎么样？
   A. 规模不小　　　　　B. 费用便宜　　C. 非常可靠　　　　答案：C

2. 黄英把什么留给了李阳？
   A. 自己的电话号　　　B. 张海的名片　C. 旅行社地址　　　答案：B

3. 李阳会怎样跟张海联系？
   A. 去张海的旅行社
   B. 给张海发 e-mail
   C. 给张海打电话　　　　　　　　　　　　　　　　　　答案：C

4. 李阳什么时候能跟张海联系？
   A. 任何时候
   B. 去张海的旅行社时
   C. 黄英跟张海联系后　　　　　　　　　　　　　　　　答案：A

5. 黄英说张海可能会降低什么？
   A. 李阳的旅游费用　　B. 办事的效率　C. 服务的质量　　　答案：A

（二）再听一遍，回答问题

1. 李阳托黄英做什么？
2. 张海的旅行社怎么样？
3. 张海的名片上有什么？
4. 张海是个怎样的人？
5. 张海可能会主动做什么？

课文二

哈利：又下雨了，看来，原定的计划得取消了。

芳子：哈利，什么计划啊？

哈利：我原来打算明天去苏州的，听说那里的园林建筑很有特色。

芳子：我去过一次，那里的园林建筑确实很有特色，很有吸引力。
哈利：我一直盼望着去苏州，可好几次机会都失去了。看来，这次又不行了。
芳子：用不着这么失望吧？我听收音机里的报道说，明天苏州是晴天。
哈利：是吗？那太好了！芳子，最近你去哪儿旅游过吗？
芳子：哪有时间呢？最近一直忙着准备考试，基本没时间干别的事情。
哈利：对你来说，考试太简单啦！用得着这么紧张吗？
芳子：我现在的汉语口语还不太好，怎么会不紧张呢？
哈利：那你赶紧去复习吧。

练习

    （一）听两遍，辨别对错

        1. 哈利原定的计划取消了。　　　　（错）

        2. 哈利想看苏州的园林建筑。　　　（对）

        3. 哈利以前失去过去苏州的机会。　（对）

        4. 芳子想进一步提高口语能力。　　（对）

        5. 芳子觉得口语考试并不难。　　　（错）

    （二）再听一遍，回答问题

        1. 哈利原定的计划是什么？

        2. 哈利有过去苏州的机会吗？

        3. 芳子为什么让哈利别失望？

        4. 芳子最近的情况怎么样？

        5. 哈利认为芳子用不着怎么样？

第二十四课

一、听下列句子,选择正确答案

1. 这个星期三,张老师要去开会,所以他的课临时从星期三调到星期四。

    问:张老师的正常上课时间在星期几?

    A. 星期一　　　　B. 星期三　　　　C. 星期四　　　答案:B

2. 会议是九点开始。由于飞机晚点,经理十点半才到,没想到小李比经理还晚了一刻钟。

    问:小李是几点来开会的?

    A. 九点　　　　　B. 十点一刻　　　C. 十点三刻　　　答案:C

3. 昨天的这场暴雨很厉害,农民怎么会没有损失呢?

    问:关于这场雨,我们可以知道什么?

    A. 带来的损失很大　B. 农民没有什么损失　C. 雨下得不太大　答案:A

4. 这次考试和他能不能毕业有关系,所以当他知道顺利通过后,终于松了一口气。

    问:下面哪句话是对的?

    A. 考试时他很轻松

    B. 考试前他松了口气

    C. 他可以顺利毕业了　　　　　　　　　　　　　　　　答案:C

5. 小王,你没有诚恳地向小李道歉,他怎么会平静下来呢?

    问:小李现在怎么样?

    A. 态度还不诚恳　　B. 还在生小王的气　C. 向小王道歉了　答案:B

6. 虽然飞机晚点是天气的原因,但你们机场应该向旅客解释清楚啊!

    问:说话人认为机场应该怎么做?

    A. 别让飞机误点　　B. 告诉旅客天气情况　C. 向旅客说明原因　答案:C

7. 这个问题一时很难解决,我们还要进一步讨论。

　　问:关于这个问题,我们可以知道什么?

　　A. 现在解决不了　　　　B. 讨论后解决了　　C. 一下子就能解决　答案:A

8. 见到李阳时,我感到很意外,也太高兴了,因为原来他说不能来参加联欢会的。

　　问:说话人见到李阳时感到怎么样?

　　A. 很惊喜　　　　　　　B. 很失望　　　　　C. 很满意　　　　　答案:A

9. 口语课上,老师说话渐渐慢了下来,因为他发现大概是讲得太快了,大家很难理解。

　　问:老师说话为什么慢了下来?

　　A. 他不理解学生

　　B. 他发现学生不懂他说的

　　C. 学生让他说得慢点儿　　　　　　　　　　　　　　　　　　　答案:B

10. 你怎么点这么多菜呢,吃不完不是太浪费了吗?

　　问:说话人是什么意思?

　　A. 这些菜没有吃完

　　B. 吃这些菜太浪费了

　　C. 没有必要点这么多菜　　　　　　　　　　　　　　　　　　　答案:C

二、听下列对话,选择正确答案

1. 男:听说这次考试增加了不少题目,是吗?

　　女:是的,可难度也降低了。

　　问:关于这次考试,下面哪一句是不对的?

　　A. 题目比以前多　　B. 难度比以前低　　C. 题目又多又难　　答案:C

2. 男:你看,这种衣服卖得不错,咱们商店应该把它的价钱再提高一些吧?

　　女:你别光想着赚钱,买这种衣服的人并不是富人啊!

　　问:女的是什么意思?

　　A. 不能降低价钱　　B. 不能提高价钱　　C. 要想办法多赚钱　　答案:B

3. 男：这飞机什么时候才能起飞啊？
   女：可能这飞机的故障一时排除不了吧。你站着多累啊，干脆睡一会儿吧。
   问：女的为什么让男的睡一会儿？
   A. 飞机还没修好　　B. 男的觉得累了　　C. 飞机不会起飞了　答案：A

4. 男：黄英跟朋友去唱卡拉OK了，我估计她要到晚上两点才能回来。
   女：那怎么行！明天她的工作不会受影响吗？我这就打电话叫她早点儿回来。
   问：女的认为黄英太晚回来会怎么样？
   A. 可能有危险　　B. 会影响明天的工作　C. 对身体不好　　答案：B

5. 男：都七点了，你怎么还没到？
   女：现在公路上的车就像蜗牛一样向前爬，估计还要半个小时才能到吧。
   问：女的为什么还没到？
   A. 她坐的车不开了　B. 她还在路上走　　C. 路上堵车了　　答案：C

6. 男：昨天我去医院检查了，大夫说我的病比较严重。
   女：你要积极配合医生的治疗，开朗一点儿，这样你一定能恢复健康的。
   问：女的认为男的应该怎么做？
   A. 听医生的治疗意见
   B. 立即去医院检查
   C. 配合自己给病人治病　　　　　　　　　　　　　答案：A

7. 男：旅行社临时取消了原定的计划，我们怎么能不去投诉呢？
   女：导游已经一再向大家道歉了，算了吧！
   问：女的是什么意思？
   A. 别去投诉了
   B. 应该让导游道歉
   C. 取消原定的计划　　　　　　　　　　　　　　　答案：A

8. 男：飞机的故障一时排除不了，另外调一架飞机过来，估计要12点多才能起飞。
   女：那到宾馆不得半夜2点多了？

问：从这段对话中，我们可以知道什么？

A. 飞机的故障排除了

B. 他们12点能到宾馆

C. 他们要坐另一架飞机 答案：C

9. 男：那家饭店的服务员态度不好，是吗？

女：可不是吗！顾客都表示强烈不满意。直到老板道歉后，大家才平静下来。

问：顾客为什么表示强烈不满意？

A. 老板没有道歉

B. 饭店的服务质量太差

C. 心里还没平静下来 答案：B

10. 男：这场演出太让人激动了。

女：是啊，我到现在还没平静下来。

问：女的现在怎么样？

A. 还是很激动　　B. 开始平静下来了　　C. 不怎么激动了　答案：A

三、听下列课文，并做练习

课文一

哈利：丽莎，你们来这儿路上顺利吗？

丽莎：唉！太糟糕了！我们下午四点到达机场后，没想到广播通知说飞机要十点才能起飞。

哈利：是受天气的影响吗？

丽莎：不是，是飞机临时发生了故障。哈利，你遇到过这样的情况吗？

哈利：我可没这么倒霉过。那机场怎么不早点儿检查一下飞机呢？

丽莎：是啊！所以大家都议论起来，表示强烈不满。

哈利：那机场是怎样解决这个问题的呢？

丽莎：机场的态度倒是不错，说这是他们的责任，而且还给我们送来了吃的东西。

哈利：尽管是这样，你们到这儿还不得半夜三点了？

丽莎：可不是吗！大家都累得不得了，一到宾馆，连澡都没洗就睡觉了。

练习

（一）听两遍，选择正确答案

1. 丽莎是什么时候到达机场的？
   A. 下午四点　　　B. 早上八点　　　C. 晚上十点　　　答案：A

2. 飞机晚点的原因是什么？
   A. 天气不好　　　B. 飞机出了毛病　　C. 飞机还没到机场　答案：B

3. 哈利认为机场应该事先做什么？
   A. 告诉旅客天气情况
   B. 认真检查飞机
   C. 通知旅客飞机会晚点　　　　　　　　　　　　　答案：B

4. 飞机晚点后，机场是怎样做的？
   A. 说这不是机场的责任
   B. 让旅客住在宾馆里
   C. 向旅客道了歉　　　　　　　　　　　　　　　　答案：C

5. 旅客到宾馆后就做什么了？
   A. 吃饭　　　　　B. 睡觉　　　　　C. 洗澡　　　　　答案：B

（二）再听一遍，回答问题

1. 飞机发生了什么问题？
2. 旅客知道飞机要晚点后就怎样了？
3. 机场采取的处理方法是什么？
4. 丽莎是几点到宾馆的？
5. 丽莎到宾馆后洗澡了吗？

课文二

金大永：黄佳佳，快放寒假了，你计划去哪儿啊？
黄佳佳：我想去外地旅游，正在考虑去哪儿好。
金大永：你是从热带国家来的，去哈尔滨吧，感受一下北方的寒冷。
黄佳佳：听说那里冬天会到零下三十多度，我不得冷死啊！
金大永：那你干脆就去海南吧，那里是中国的最南边，风景也特别优美。
黄佳佳：海南太远了，坐火车要二十几个小时呢。
金大永：你可以从上海直接坐飞机到海南，这样在路上可以少浪费时间。
黄佳佳：那我就去海南吧，但现在我还不能想去就去，还需要妈妈的积极配合。
金大永：为什么还要妈妈的配合呢？
黄佳佳：金大永，这你还不明白吗？如果她不同意给我钱，我怎么去得了呢？

练习

（一）听两遍，辨别对错

1. 黄佳佳计划寒假去外地旅游。　　　　（对）
2. 黄佳佳想去哈尔滨。　　　　（错）
3. 金大永建议黄佳佳坐飞机去海南。　　　　（对）
4. 坐火车去海南可以少花时间。　　　　（错）
5. 黄佳佳需要征求妈妈的意见。　　　　（对）

（二）再听一遍，回答问题

1. 金大永为什么建议黄佳佳去哈尔滨？
2. 黄佳佳为什么不去哈尔滨旅行？
3. 金大永为什么建议黄佳佳坐飞机去海南？
4. 坐火车去海南要多长时间？
5. 为什么黄佳佳现在还不能去海南？

第二十五课

一、听下列句子，选择正确答案

1. 丽莎非常盼望参加今天晚上的聚会，她说无论下多大的雨，她都会准时来。

   问：丽莎的想法是什么？

   A. 下雨就不参加聚会

   B. 不下雨就参加聚会

   C. 下大雨也要参加聚会　　　　　　　　　　　　　　　　　　　答案：C

2. 哈利，你的行李怎么这么重，至少有30公斤吧？

   问：说话人认为哈利的行李可能有多重？

   A. 不到30公斤　　　B. 超过30公斤　　　C. 比30公斤少　　　答案：B

3. 李阳，你送给我的这些礼物可能要一千块钱吧？以后千万别送我什么东西了！

   问：说话人让李阳今后怎么做？

   A. 买一千多块的礼物

   B. 不要送给自己礼物

   C. 别买一千块的礼物　　　　　　　　　　　　　　　　　　　　答案：B

4. 丽莎去爬黄山时，突然下起了雨，好在她带了雨伞。

   问：下面哪句话是正确的？

   A. 丽莎的衣服没有湿

   B. 丽莎淋了雨

   C. 丽莎的衣服肯定湿了　　　　　　　　　　　　　　　　　　　答案：A

5. 李阳，今天你的时间很充足，有必要打的去南京路吗？

   问：说话人认为李阳应该怎么做？

   A. 去一次南京路

   B. 留给自己充足的时间

   C. 别打的去南京路　　　　　　　　　　　　　　　　　　　　　答案：C

6. 大永，你怎么这么浪费呢，不知道这是父母辛苦赚来的钱吗？

　　问：这句话是什么意思？

　　A. 大永应该自己赚钱

　　B. 大永应该节省

　　C. 大永不会浪费钱　　　　　　　　　　　　　　答案：B

7. 咱们四个人打一辆车吧，虽然会挤一点儿，但这对资源的利用是最充分的。

　　问：说话人认为四个人打一辆车怎么样？

　　A. 会太拥挤　　　　B. 浪费资源　　　　C. 经济实惠　　　答案：C

8. 哈利，虽然芳子没有说明航班几点到达机场，但你可以上网去查询时间啊！

　　问：哈利可以用什么方法知道航班的时间？

　　A. 去机场问工作人员

　　B. 用电脑上网查询

　　C. 给芳子发 e-mail 问一下　　　　　　　　　　答案：B

9. 李阳觉得这个行李箱虽然不怎么好看，但又经济又实惠，所以就买了。

　　问：李阳认为这个行李箱怎么样？

　　A. 又有用又便宜　　B. 又好看又实惠　　C. 又好看又便宜　　答案：A

10. 黄英，买机票和订宾馆的事由你负责，其余的事情让李阳去办吧。

　　问：黄英不用做的事情是什么？

　　A. 买机票　　　　　B. 订宾馆　　　　　C. 别的事情　　　答案：C

二、听下列对话，选择正确答案

　1. 男：丽莎，这个汉字是什么意思？

　　　女：哈利，你已经学了一年汉语了，难道连这个汉字也不认识吗？

　　　问：丽莎认为哈利应该怎么样？

　　　A. 学一年汉语　　　B. 认识这个汉字　　C. 多学习汉字　　答案：B

2. 男：你不是说跟那个公司签合同没有问题吗？
   女：话是这么说，可究竟行不行，我现在也不知道。
   问：关于签合同的事，女的是什么意思？
   A. 肯定行　　　　　B. 肯定不行　　　　C. 不能肯定　　　答案：C

3. 男：我的衣服还没有干，你帮我拿到外边去晒一下吧。
   女：你已经是大学生了，这种事情难道还要我帮你做吗？
   问：女的是什么语气？
   A. 惊喜　　　　　　B. 吃惊　　　　　　C. 不满　　　　　答案：C

4. 男：李阳从来不参加这种没意思的会议。这不，他今天又没来。
   女：不过，重要的会议他每次都来的。
   问：关于李阳，我们可以知道什么？
   A. 他只参加重要的会议
   B. 他今天来开会了
   C. 他从不参加会议　　　　　　　　　　　　　　　　答案：A

5. 男：你怎么总是讨价还价啊？
   女：钱是辛苦赚来的，不是偷来的。
   问：女的是什么意思？
   A. 应该辛苦赚钱　　　B. 不能去偷钱　　　C. 要尽量少花钱　答案：C

6. 男：丽莎，我的行李比来的时候重了好几倍，你的怎么这么轻？
   女：即使这样轻，我已经拿不动了，而且我的腰受过伤，难道还要再受伤吗？
   问：丽莎不希望怎么样？
   A. 帮男的拿行李　　　B. 自己的腰受伤　　C. 只带很轻的行李　答案：B

7. 男：你说过你会和我一起去日本留学的，难道你忘了吗？
   女：我怎么会忘呢？但不是现在就去。
   问：下面哪句话是对的？
   A. 女的现在就去日本
   B. 女的不想去留学
   C. 女的没忘她答应的话　　　　　　　　　　　　　　答案：C

8. 男：我的英语还很差，周末的时候你教教我，好吗？
   女：你也不能这样利用资源啊，难道我不要休息了吗？
   问：关于教男的英语，女的是什么意思？
   A. 周末不能教　　　B. 不休息也要教　　　C. 男的没有必要学　　　答案：A

9. 男：这汽车开得像蜗牛爬一样。
   女：唉，这样开究竟什么时候才能到电影院呢，真是急死人啊！
   问：女的什么语气？
   A. 疑问　　　　　　B. 吃惊　　　　　　　C. 着急　　　　　　　　答案：C

10. 男：这个电脑的故障太难解决了，算了，明天再修吧。
    女：你怎么这么没有耐心呢？今天即使不睡觉，也得修好！
    问：对于修理电脑，女的要求男的怎么做？
    A. 继续坚持修　　　B. 明天再修　　　　　C. 睡好觉再修　　　　　答案：A

三、听下列课文，并做练习

课文一

哈利：丽莎，今年夏天有没有去旅游？

丽莎：去了。我们先从上海坐飞机到北京，游览了雄伟的长城，接着又去了西藏。

哈利：听说西藏不仅风景漂亮，而且代表西藏传统文化的景点也很多。

丽莎：是的，去那儿旅游太有意义了！哈利，你有时间的话，也可以去一次。

哈利：我要是去的话，该走哪条路线呢，你能推荐一下吗？

丽莎：你最好先坐飞机到西宁，再乘火车到拉萨，这样可以慢慢适应环境，减轻高原反应。

哈利：听说如果感冒了，那么去西藏就可能会有生命危险，有这么严重吗？

丽莎：确实是这样。所以去以前如果感冒了，就千万别去。

哈利：但不管怎么样，我都要去一次的。

练习

(一)听两遍,选择正确答案

1. 丽莎今年夏天去了哪儿?

 A. 西宁   B. 上海   C. 西藏   答案:C

2. 哈利让丽莎推荐的是什么?

 A. 西藏的景点 B. 去西藏的路线 C. 去西藏的航班 答案:B

3. 为什么最好从西宁换乘火车去拉萨?

 A. 可以少浪费时间

 B. 可以减轻高原反应

 C. 可以看看那儿的环境   答案:B

4. 感冒的时候去西藏可能会怎么样?

 A. 有生命危险

 B. 觉得很难受

 C. 不适应那儿的环境   答案:A

5. 哈利会去西藏吗?

 A. 没有危险就会去

 B. 有危险就不去

 C. 有没有危险都会去   答案:C

(二)再听一遍,回答问题

1. 丽莎今年夏天去了哪几个地方?

2. 哈利听说西藏是个怎样的地方?

3. 丽莎为什么认为最好从西宁换乘火车去拉萨?

4. 丽莎说什么情况下千万别去西藏?

5. 哈利决定去了西藏吗?

第二十五课

课文二

李阳：王欣，听说昨天你身体不舒服，是吗？
王欣：是的。我跟朋友在一起吃了晚饭后，就觉得胃里难受得不得了。
李阳：那你去医院检查了吗？
王欣：去了。好在并不是什么严重的病，大夫说我只是吃得太多了。
李阳：你真是没头脑，怎么能吃这么多呢，难道平时不吃饭吗？
王欣：李阳，我们点的那些菜，不吃不就损失了吗？
李阳：我看你现在的体重至少有一百四十斤了，应该减肥了吧？
王欣：是啊！我已经超重了，可我现在即使只是喝水也会胖。
李阳：那你也应该尽量少吃一点儿啊！不然，绝对会影响你的健康的。
王欣：话是这么说，可我一见到好吃的东西，还是想吃，有什么办法呢？

练习

（一）听两遍，辨别对错

1. 王欣的胃不舒服是因为吃得太多了。　　（对）
2. 大夫说王欣的病比较严重。　　（错）
3. 李阳认为王欣不应该吃得太多。　　（对）
4. 王欣的体重已经超重了。　　（对）
5. 王欣现在决定减肥了。　　（错）

（二）再听一遍，回答问题

1. 王欣的胃为什么会不舒服？
2. 李阳认为王欣能吃得太多吗？
3. 王欣为什么吃了很多东西呢？
4. 王欣现在的体重大概是多少？
5. 王欣对自己减肥有信心吗？

第二十六课

一、听下列句子，选择正确答案

1. 中国的一些汉字很有趣，让许多外国人充满了好奇。

    问：这一句中的"好奇"是什么意思？

    A. 感到奇怪　　　　B. 有兴趣了解　　　　C. 非常吃惊　　　答案：B

2. 金大永和丽莎发现了一个很奇怪的现象：中国菜并不清淡，可是胖的人却不多。

    问：金大永和丽莎发现了什么？

    A. 中国菜的油不多

    B. 中国人胖的很多

    C. 中国人胖的不多　　　　　　　　　　　　　　　　　　答案：C

3. 在中学学习时，黄英去逛街前就很注意打扮，现在她还保持着这个习惯。

    问：黄英一直有什么习惯？

    A. 学习　　　　　　B. 打扮　　　　　　　C. 逛街　　　　答案：B

4. 吃了饭以后喝点儿茶，难道真的能促进消化吗？

    问：说话人的疑问是什么？

    A. 吃饭对消化好不好

    B. 喝一点儿茶好不好

    C. 喝茶对消化好不好　　　　　　　　　　　　　　　　　答案：C

5. 哈利，你说白天要上课，下午要睡觉，难道这就是你不锻炼的理由吗？

    问：说话人对哈利说的理由感到怎么样？

    A. 不满意　　　　　B. 有道理　　　　　　C. 很好奇　　　答案：A

6. 走楼梯、多骑车等运动可以帮助减肥，但更重要的是要少吃油腻的东西。

    问：减肥时最需要注意的是什么？

    A. 走楼梯　　　　　B. 多骑车　　　　　　C. 少吃油的东西　答案：C

7. 丽莎,你一直说要多运动,可我看你是光说不做,得见行动啊!

   问:丽莎现在怎么样?

   A. 常常运动   B. 已有运动的行动   C. 还是不运动   答案:C

8. 李阳买了这个手机,除了它的价格便宜以外,更重要的因素是跟女朋友联系方便。

   问:李阳买这个手机的主要原因是什么?

   A. 价钱不贵   B. 跟女朋友联系   C. 给朋友打电话   答案:B

9. 芳子,我看你已经算是瘦的了,怎么还愁能不能瘦下来呢?

   问:芳子愁的是什么?

   A. 自己还太胖   B. 自己太瘦了   C. 自己瘦下来了   答案:A

10. 金大永在解释他抽烟的理由时说,这能帮助他减肥。你说,这能算理由吗?

   问:说话人认为金大永说的理由怎么样?

   A. 有道理   B. 没有道理   C. 可以算是理由   答案:B

二、听下列对话,选择正确答案

1. 男:我现在天天都锻炼后,感到好像有用不完的力气。

   女:锻炼能促进身体健康,可你要保持下去啊!

   问:女的对男的要求是什么?

   A. 用完自己的力气 B. 坚持锻炼   C. 别太用力   答案:B

2. 男:我们中午一起去吃中国菜,怎么样?

   女:好啊,但这次该我买单了,你千万别客气啊。

   问:女的是什么意思?

   A. 男的吃饭时别客气

   B. 该男的付钱

   C. 由她来付钱   答案:C

3. 男:你再多吃一点儿菜,别光说话啊。

   女:我已经吃饱了,剩下的我们带回去明天吃吧。

   问:从对话中,我们可以知道什么?

   A. 女的没吃菜   B. 还有些菜没吃完 C. 女的一直只是说话   答案:B

4. 女：这么多行李，我怎么拿得动啊！

   男：愁什么呀！你拿两件，剩下的给我就行了。

   问：男的会做什么？

   A. 拿所有的行李　　B. 帮女的拿几件行李　　C. 只拿两件行李　　答案：B

5. 女：这么多饭店都吃过了，感觉这家饭店的菜怎么样？

   男：这还用问？你看，几乎没有剩下菜。

   问：男的是什么意思？

   A. 菜的味道很好

   B. 他不知道这个饭店怎么样

   C. 还剩下很多菜　　　　　　　　　　　　　　　　　　　　　答案：A

6. 男：我最近没有吃什么太油的东西啊，怎么越来越胖了？

   女：我怎么知道，你自己不会分析吗？

   问：女的让男的做什么？

   A. 别吃太油的东西

   B. 考虑吃什么东西好

   C. 分析变胖的原因　　　　　　　　　　　　　　　　　　　　答案：C

7. 男：我发现芳子的脸色不太好，是不是晕车了？

   女：你观察得挺仔细的，我也觉得有可能，咱们去问问她吧。

   问：下面哪句话是正确的？

   A. 女的表示好奇

   B. 女的称赞了男的

   C. 女的没有观察过芳子　　　　　　　　　　　　　　　　　　答案：B

8. 女：这是我安排的活动内容，你看，还有什么要补充的吗？

   男：暂时没有什么要补充的，如果有的话，我再告诉你吧。

   问：对于女的的安排，男的是什么意思？

   A. 需要再增加一些

   B. 还有要补充的

   C. 现在没有什么意见　　　　　　　　　　　　　　　　　　　答案：C

9. 男：我的女朋友答应要跟我结婚的，可就是不见她的行动。
   女：既然她已经答应你了，你还愁什么？这只是时间问题嘛！
   问：女的让男的怎么做？
   A. 订好结婚的时间　　B. 耐心地等　　C. 答应跟女朋友结婚　答案：B

10. 男：我们公司旁边有一家咖啡馆，哪天我请你去尝尝。
    女：别光说不做啊，得见行动。
    问：女的让男的做什么？
    A. 请她喝咖啡　　　B. 自己去喝咖啡　C. 现在去买咖啡　　答案：A

三、听下列课文，并做练习

课文一

丽莎：哈利，我发现不少中国人做菜都放很多油，可是胖的人不多，你知道这是为什么吗？

哈利：这也是我感到好奇的，为什么会这样呢？

丽莎：我告诉你吧。我观察到，其中最重要的因素就是喝茶，经常喝茶就不会胖。

哈利：你的意思是说，茶有减肥的效果？

丽莎：绝对是这样。所以，我现在天天都喝茶。你看，我现在瘦下来了吧？

哈利：我怎么不觉得你瘦了多少呢？而且，我觉得太瘦对身体也不好啊！

丽莎：话虽怎么说，可是，你看那些参加选美比赛的小姐，不是都挺瘦的吗？

哈利：丽莎，难道你也想参加选美比赛吗？

丽莎：那当然。如果能瘦下来，我肯定会去报名的。瘦不下来，那就只好算了。

练习

（一）听两遍，选择正确答案

1. 哈利感到好奇的是什么？
   A. 中国人胖的不多

B. 中国菜油多的原因

C. 丽莎为什么不胖　　　　　　　　　　　　　答案：A

2. 丽莎观察到的现象是什么？

   A. 中国人不喜欢胖

   B. 喝茶可以减肥

   C. 每个中国人都喝茶　　　　　　　　　　　答案：B

3. 哈利觉得丽莎现在怎么样？

   A. 跟以前差不多　　B. 比以前瘦了　　C. 现在胖了　　答案：A

4. 丽莎想参加什么比赛？

   A. 喝茶比赛　　　　B. 体育比赛　　　C. 选美比赛　　答案：C

5. 丽莎什么时候可能会去参加比赛？

   A. 身体好了以后　　B. 会喝茶以后　　C. 瘦下来以后　　答案：C

（二）再听一遍，回答问题

1. 丽莎认为喝茶有什么效果？

2. 丽莎觉得自己瘦了吗？

3. 哈利认为太瘦好不好？

4. 丽莎为什么认为瘦好呢？

5. 丽莎说"那就只好算了"的情况是什么？

课文二

王欣：李阳，你开车的速度太快了，这太危险了！

李阳：时间快来不及了。

王欣：即使来不及，也要注意安全啊。

李阳：王欣，你怕什么，难道不相信我开车的水平吗？

王欣：我承认，你的水平是挺高的。但还是稍微慢点儿吧，要尽量避免出交通事故。

李阳：你少说一点儿好不好？这会分散我的注意力的。

王欣：你怎么不愿意接受别人的意见呢？算了，不说了，集中注意力啊！

李阳：好了，别生气，现在我开得慢一点儿吧。

王欣：这就对了，就保持这个速度吧。

练习

   （一）听两遍，辨别对错

      1. 李阳开得快是因为时间来不及了。　　（对）

      2. 王欣认为时间还来得及。　　　　　　（错）

      3. 王欣不相信李阳开车的水平。　　　　（错）

      4. 李阳认为王欣说话会影响他开车。　　（对）

      5. 后来李阳接受了王欣的意见。　　　　（对）

   （二）再听一遍，回答问题

      1. 王欣认为即使来不及也要怎么样？

      2. 王欣为什么让李阳别开得太快？

      3. 李阳为什么让王欣少说一点儿？

      4. 李阳后来为什么开得慢了？

      5. 王欣让李阳保持什么？

第二十七课

一、听下列句子,选择正确答案

1. 原来我不太喜欢李阳,可接触久了,我逐渐改变了对他的看法。

    问:说话人现在怎么了?

    A. 开始接触李阳了

    B. 改变了对李阳的看法

    C. 逐渐喜欢李阳了   答案:B

2. 金大永,你怎么还没有意识到自己的错误?快去向芳子道歉吧!

    问:关于金大永,我们可以知道什么?

    A. 他向芳子道歉了

    B. 他意识到自己错了

    C. 他还不认为自己错了   答案:C

3. 王欣把游客都当做自己的亲人看待,大家怎么会不喜欢她呢?

    问:游客为什么喜欢王欣?

    A. 他们是王欣的亲人

    B. 王欣对他们很亲切

    C. 游客把她当做亲人   答案:B

4. 看到女儿的脚扭伤了,妈妈怎么会不心疼呢?

    问:这句话是什么意思?

    A. 妈妈很爱女儿   B. 妈妈感到脚疼   C. 妈妈觉得不放心   答案:A

5. 尽管我总是催儿子快点儿做完作业,可他还是照常先玩儿再做作业。

    问:说话人的儿子是怎么样的?

    A. 不急着完成作业   B. 仍然不做作业   C. 做完作业后再玩儿   答案:A

6. 快拿件衣服给我，没看到我冻得直发抖吗？

 问：说话人怎么了？

 A. 拿了一件衣服　　　　B. 觉得非常冷　　　　C. 怕得发抖　　　　答案：B

7. 金大永，你刚学开车就开得这么快，我看你根本没意识到这会有危险。

 问：金大永没有意识到什么？

 A. 自己开得很快

 B. 自己可以学会开车

 C. 开得快不安全　　　　　　　　　　　　　　　　　　　　　　答案：C

8. 你没注意到旁边有车开过来了吗，怎么还要冲过去呢？

 问：开车的人可能会怎么做？

 A. 冲过去　　　　　　　B. 停下来　　　　　　C. 把车开过来　　　答案：B

9. 那个老伯伯在车里抽烟时，我只咳嗽了一声，他就不抽了。

 问：老伯伯为什么不抽烟了？

 A. 他担心别人会咳嗽

 B. 他意识到了不该抽烟

 C. 他不想再抽了　　　　　　　　　　　　　　　　　　　　　　答案：B

10. 李阳星期六接受了这个任务以后，当天晚上就完成了。

 问：李阳是什么时候完成这个任务的？

 A. 星期五晚上　　　　　B. 星期六晚上　　　　C. 星期天晚上　　　答案：B

二、听下列对话，选择正确答案 🎧

1. 男：你们看，我们什么时候走呢？

 女：你是经理，什么时候走还不是由你决定？

 问：女的是什么意思？

 A. 男的是经理

 B. 应该由经理决定

 C. 经理为什么还不走　　　　　　　　　　　　　　　　　　　　答案：B

2. 男：今天早上，我给你打电话，你怎么不接啊？
   女：我在给学生上课，不能接电话。
   问：女的为什么不接电话？
   A. 她不可以接电话　B. 她不愿意接电话　C. 她没时间接电话　　答案：A

3. 男：王欣，昨天你不在家，怎么没有事先告诉我呢？
   女：李阳，我以为你收到了我发的短信呢，让你白跑了一趟，真对不起。
   问：王欣为什么没有见到李阳？
   A. 她没去李阳家
   B. 她没事先告诉李阳
   C. 李阳没收到她的短信　　答案：C

4. 男：明天学校组织的活动，你参加吗？
   女：唐老师也去的，我还有什么理由不去呢？
   问：关于这次活动，女的是什么意思？
   A. 一定会参加　　B. 有理由不参加　　C. 不参加也没关系　　答案：A

5. 女：这是我的箱子，你怎么把我的箱子拿走了？
   男：对不起，我一时糊涂，搞错了。
   问：男的为什么会拿错了箱子？
   A. 他总是很糊涂　　B. 一时没注意　　C. 他常常会搞错　　答案：B

6. 男：因为飞机发生了故障，所以今天肯定起飞不了了。
   女：那你们机场可得认真对待这件事，至少得安排好旅客的住宿。
   问：女的认为机场应该怎么做？
   A. 安排别的飞机
   B. 让旅客马上下飞机
   C. 要尽量让旅客满意　　答案：C

7. 男：王欣，你觉得我们旅行社的工作效率怎么样？
   女：对比下来，你们旅行社的工作效率确实比我们高。
   问：王欣认为自己的旅行社怎么样？
   A. 比男的旅行社好
   B. 工作效率确实很高
   C. 工作效率比较低　　答案：C

8. 女：小李，你这次开会又迟到了，怎么回事啊？
   男：实在不好意思，我保证不会有下次了。
   问：男的是什么意思？
   A. 以后一定不迟到　　B. 不能保证不迟到　C. 这次没迟到　　答案：A

9. 男：在山上，李阳看到那个孩子冻得直发抖，就把他的一件衣服给了那个孩子。
   女：李阳真是个善良的人啊！
   问：女的认为李阳怎么样？
   A. 不怕冷的人　　　　B. 有同情心的人　　C. 身体结实的人　答案：B

10. 男：你稍微等我一下，我得找个地方去抽支烟。
    女：你不是说不再抽烟了吗，怎么还是照常抽烟呢？
    问：男的现在怎么样？
    A. 仍然抽烟　　　　　B. 保证不抽烟了　　C. 正在抽烟　　　答案：A

三、听下列课文，并做练习

课文一

丽莎：哈利，下个星期一是金大永的生日，我们请他去饭店吃饭，怎么样？

哈利：好啊！丽莎，那么我们去哪个饭店呢？

丽莎：找一个中国饭店吧。

哈利：金大永是韩国人，恐怕不喜欢吃油腻的东西吧？

丽莎：哦，对的。那我们去学校附近的韩国饭店吧。

哈利：那个饭店的菜太贵了，与其去那儿，还不如去学校里的韩国餐厅呢。

丽莎：有道理。对比下来，那个韩国餐厅又经济又实惠，菜也做得很精致。

哈利：我们也叫上李阳一起去吧。

丽莎：好的。可是他最近比较忙，你别临时才通知他，至少得提前三天告诉他。

哈利：好吧。但不管他忙不忙，我都得叫他来。

练习

（一）听两遍，选择正确答案

1. 下个星期一是谁的生日？
   A. 哈利的生日　　B. 丽莎的生日　　C. 金大永的生日　　答案：C

2. 金大永可能不喜欢吃什么东西？
   A. 价钱便宜的　　B. 清淡的　　C. 油腻的　　答案：C

3. 哈利建议去哪儿吃饭？
   A. 学校里的韩国餐厅
   B. 学校附近的韩国饭店
   C. 一个中国饭店　　答案：A

4. 丽莎认为哈利选择的地方怎么样？
   A. 菜太贵了　　B. 又好又便宜　　C. 菜做得不精致　　答案：B

5. 哈利什么时候会通知李阳？
   A. 这个周末前　　B. 下个星期一　　C. 临时再通知　　答案：A

（二）再听一遍，回答问题

1. 哈利为什么说别去中国饭店？
2. 哈利选择去哪个饭店？
3. 丽莎为什么同意了哈利的选择？
4. 丽莎让哈利什么时候通知李阳？
5. 哈利一定会叫李阳来吗？

课文二

王欣：李阳，最近你在公司里干得怎么样？

李阳：比较糟糕，老板对我不太满意，弄得我心情不太好啊！

王欣：是缺乏经验，还是工作中出了错呢？

李阳：可能是经验不丰富吧，但偶尔也有因为不仔细而出错的情况。

王欣：经验是会越来越丰富的。我想，老板对你不满意，主要原因是工作不仔细吧。

李阳：王欣，你说得有道理。我承认，有时候我一忙就顾不上仔细了。

王欣：不仔细就容易出错，也会降低工作的效率。

李阳：谢谢你的提醒，以后我会尽量仔细，避免出错的。

王欣：你充分意识到了这一点就好。这样，老板一定会逐渐改变看法的。

练习

（一）听两遍，辨别对错

1. 李阳最近不太开心。　　　　　　　　　　（对）

2. 李阳工作时总是不仔细。　　　　　　　　（错）

3. 王欣认为工作经验是最重要的。　　　　　（错）

4. 王欣提醒李阳要避免出错。　　　　　　　（对）

5. 老板改变了对李阳的看法。　　　　　　　（错）

（二）再听一遍，回答问题

1. 李阳最近的心情怎么样？

2. 老板为什么对李阳不满意？

3. 李阳承认有时候一忙就会怎么样？

4. 王欣认为李阳应该怎么做？

5. 李阳已经意识到了什么？

第二十八课

一、听下列句子，选择正确答案

1. 李阳，到底是你有经验，这么难处理的事情，一下子就被你解决了。

    问：关于这件事情的处理，我们可以知道什么？

    A. 李阳要想办法解决

    B. 李阳已经处理好了

    C. 李阳没有经验　　　　　　　　　　　　　　　　　　答案：B

2. 黄英，你不是很喜欢喝茶吗，怎么不知道这两种茶的区别呢？

    问：说话人认为黄英应该知道什么？

    A. 这两种茶不同　　B. 这两种茶一样　　C. 这两种茶没区别　　答案：A

3. 从顾客的满意度来看，那个饭店得采取一些改进措施了。

    问：那个饭店怎么样？

    A. 顾客不满意　　B. 已经有了改变　　C. 服务的质量提高了　　答案：A

4. 小李，既然你已经承认了错误，那我就不再处分你了。

    问：这句话是什么意思？

    A. 应该处分小李　　B. 小李被处分了　　C. 小李不会受到处分　　答案：C

5. 在春节期间，本店照常营业，开门时间为每天早上9点到下午5点。

    问：这个店春节期间会怎么样？

    A. 仍旧营业　　　B. 不开门　　　C. 下午4点关门　　答案：A

6. 带游客去爬山时，我们要采取各种措施，防止出现这样那样的危险。

    问：他们为什么要采取各种措施？

    A. 已经发生了事故

    B. 要避免发生意外

    C. 要提醒游客别爬山　　　　　　　　　　　　　　　　　答案：B

7. 不论游客的投诉是不是符合实际情况,我们旅行社都应该认真对待。

　　问:对于游客的投诉,说话人的看法是什么?

　　A. 需要重视

　　B. 与实际情况不符合

　　C. 应该承认游客是对的　　　　　　　　　　　　答案:A

8. 现在旅游市场的竞争越来越激烈了,不改善服务质量怎么会有生意做呢?

　　问:这句话是什么意思?

　　A. 要改变竞争方式

　　B. 要提高服务质量

　　C. 现在没有生意可做　　　　　　　　　　　　答案:B

9. 我认为,那个公司要减少浪费带来的损失,关键是要实行严格的管理。

　　问:关于那个公司,我们可以知道什么?

　　A. 损失减少了　　　B. 管理很严格　　　C. 应该加强管理　　　答案:C

10. 我们调查的范围是参加这次行程的游客,主要内容是旅游过程中的吃、住两个方面。

　　问:这次调查不包括什么?

　　A. 饮食方面　　　　B. 行程安排　　　　C. 住宿情况　　　　答案:B

二、听下列对话,选择正确答案

1. 男:听说你和丽莎昨天去看了杂技表演,觉得怎么样?

　　女:精彩得不得了,可丽莎一看到那些惊险的动作时就直发抖。

　　问:丽莎为什么会直发抖?

　　A. 觉得很紧张　　　B. 觉得很难受　　　C. 觉得非常冷　　　答案:A

2. 男:真倒霉,刚才安全检查的时候,我的小刀被没收了。

　　女:李阳,你怎么这么糊涂,不知道小刀不能带上飞机吗?

　　问:女的觉得李阳怎么样?

　　A. 运气太差了　　　B. 太没头脑了　　　C. 实在太倒霉　　　答案:B

3. 女:刚受到别人的一句表扬,你就得意了!

　　男:这次表演我得了奖,怎么能不得意呢?

问：男的为什么感到得意？

A. 女的称赞了他　　B. 能参加这次表演　C. 表演得了奖　　　　答案：C

4. 女：唐老师，现在你们学校的规模怎么样？

男：学生比以前多了，地方也比以前大了不少。

问：关于唐老师的学校，以下哪一点是不对的？

A. 规模扩大了　　　B. 学生增加了　　　C. 地方不比以前大　　答案：C

5. 女：昨天我们旅行社的空调车又发生了故障，怎么总是这样？

男：王欣，我看你们得好好分析一下其中的因素，防止今后再出现同样的问题。

问：需要王欣进行分析的目的是什么？

A. 防止有人坐空调车

B. 避免空调车再坏

C. 降低旅客投诉的比例　　　　　　　　　　　　　　　　　答案：B

6. 男：这次质量管理部门调查后，有些服装公司受到了处分，你们呢？

女：我们哪会像他们一样呢？

问：女的公司怎么样？

A. 服装的质量好　　B. 受到了处分　　　C. 调查了服装的质量　答案：A

7. 男：咱们的行李又多又重，都带着太不方便了，这几件重的行李就托运吧。

女：托运的确省事，可如果摔坏了，这损失就大了，算了吧。

问：从这段话中，我们可以知道什么？

A. 行李摔坏了　　　B. 女的不赞成托运　C. 只托运重的行李　　答案：B

8. 女：你的工作多轻松啊，哪儿像我们老师，天天都这么累。

男：作为一名导游，其实有很多事情要做，并不是你想象的那么轻松。

问：男的认为自己的工作怎么样？

A. 不轻松　　　　　B. 不辛苦　　　　　C. 跟女的想象一样　　答案：A

9. 男：从你的脸色来看，好像身体状态不太好啊。

女：是啊，大夫说我一方面是太累了，一方面是缺乏营养。

问：女的应该怎么做？

A. 要打扮打扮　　　B. 要多做运动　　　C. 要加强营养　　　　答案：C

10. 男：我们带旅客去黄山的时候，最关键的一点就是要防止发生意外。

　　女：对，大家都必须充分认识到这一点，并采取必要的措施。

　　问：对话的主要意思是什么？

　　A. 要解决意外的事情

　　B. 要加强安全措施

　　C. 要带旅客去游览　　　　　　　　　　　　　　　　　　　答案：B

三、听下列课文，并做练习

课文一

李阳：芳子，你上次说寒假要去北京的，到底去不去啊？

芳子：肯定会去的，可到底是坐火车还是飞机，我还没有考虑好。李阳，你说呢？

李阳：坐火车去吧，还可以看看沿途的风景。

芳子：但我觉得飞机上的服务更好一点。

李阳：现在铁路部门采取了不少改进措施，火车上的服务质量已经有了很大的改善。

芳子：是吗？但坐火车要用的时间比较长啊！

李阳：这你就不知道了，现在去北京的火车已经提高了速度。

芳子：那票价也提高了吗？

李阳：票价当然是有改变的，但不管怎么说，肯定比坐飞机便宜。

芳子：按你这么说，坐火车既经济又实惠，那我就坐火车去吧。

练习

（一）听两遍，选择正确答案

　　1. 李阳想知道芳子的什么想法？

　　　A. 去哪儿旅游的想法

　　　B. 去不去北京的想法

　　　C. 怎么去北京的想法　　　　　　　　　　　　　　　　　答案：B

2. 芳子最初打算怎么去北京？？
   A. 坐飞机　　　　　B. 坐火车　　　C. 坐火车和飞机　　答案：A
3. 李阳说现在火车上的服务质量怎么样？
   A. 跟以前没有区别　B. 有了改进　　C. 没有改善　　　　答案：B
4. 芳子不知道的是什么？
   A. 火车比飞机慢
   B. 飞机的票价贵
   C. 火车的速度提高了　　　　　　　　　　　　　　　　答案：C
5. 现在去北京的火车票的价钱怎么样？
   A. 比以前贵　　　　B. 比以前便宜　C. 跟以前相同　　　答案：A

（二）再听一遍，回答问题
1. 李阳为什么建议芳子坐火车去北京？
2. 为什么现在火车上的服务质量有了改善？
3. 现在坐火车去北京也不慢的原因是什么？
4. 现在去北京的火车票价钱有改变吗？
5. 最后芳子为什么选择坐火车去北京？

课文二

天气越来越冷了，这冬天到底什么时候能结束啊？我坐在汽车上看着窗外的雪，想起了去年冬天发生的一件事：一位老伯伯在马路上走着，他根本没注意到旁边正有一辆汽车向他开过来。这时，我看到一个小姑娘顾不上自己的安全，冲过去把他推到了一边，从而避免了事故的发生。在这个过程中，虽然我站的地方离老伯伯也很近，也意识到了危险，但我没有采取任何行动。对比下来，我觉得自己真是太不应该了。

练习

（一）听两遍，辨别对错
1. 课文中说的事情发生在冬天。　　　　　　　　　（对）

2. 老伯伯走路时没意识到会有危险。　　（对）

3. 汽车撞到了老伯伯。　　（错）

4. 小姑娘的行动避免了事故的发生。　　（对）

5. 那天"我"也遇到了危险。　　（错）

（二）再听一遍，回答问题

1. 老伯伯走路时没有注意到什么？

2. 小姑娘在老伯伯遇到危险时是怎么做的？

3. 那时候"我"在哪里？

4. "我"在老伯伯遇到危险时采取了行动吗？

5. "我"在事情发生后意识到了什么？

第二十九课

一、听下列句子，选择正确答案

1. 李阳，你别逗了，谁不知道你的女朋友很漂亮呢？

    问：李阳说了什么？

    A. 自己的女朋友很漂亮

    B. 自己没有女朋友

    C. 自己的女朋友不漂亮   答案：C

2. 这到底是怎么回事，我可答不上来。

    问：说话人是什么意思？

    A. 他没办法回答   B. 他要想一下   C. 他知道这件事   答案：A

3. 旅客的这份投诉到底有没有道理，现在还没有最终的结论。

    问：关于旅客的投诉，我们可以知道什么？

    A. 可以确定是对的

    B. 肯定是没道理的

    C. 要研究后才能确定   答案：C

4. 唉！隔壁的那个邻居每天晚上都唱歌，我根本没办法睡觉。

    问：邻居让说话人感到怎么样？

    A. 很好奇   B. 很激动   C. 很烦恼   答案：C

5. 形成这种现象的原因比较复杂，怎么不需要反复研究呢？

    问：关于这种现象的原因，我们可以知道什么？

    A. 已经研究出来了   B. 还没有结论   C. 不用研究了   答案：B

6. 丽莎昨天没来参加排练，但可以肯定她不是故意的。

    问：丽莎没来的原因可能是什么？

    A. 可能是忘了

    B. 可能是故意不来

    C. 可能不愿意参加排练   答案：A

7. 李阳，你怎么还不动手查资料呢，难道要别人告诉你这个问题的答案吗？

   问：李阳怎样才能知道问题的答案？

   A. 让别人告诉自己

   B. 马上去看资料

   C. 请别人给自己资料　　　　　　　　　　　　　　　　答案：B

8. 看到唐老师一脸严肃地走进来，刚参加完考试的学生们都紧张起来了。

   问：学生感到紧张的原因可能是什么？

   A. 要参加考试了　　B. 他们都怕唐老师　　C. 考试考得不好　　答案：C

9. 李阳，我真的是不知道你在睡觉，不是故意要打扰你。

   问：说话人想表示的是什么？

   A. 遗憾　　　　　　B. 道歉　　　　　　　C. 提醒　　　　　答案：B

10. 王欣，你别逗了，这个球怎么可能自己从下往上滚呢？

    问：说话人觉得什么是不可能的？

    A. 这个球自己往上移动

    B. 这个球是会滚的

    C. 这个球会往下滚　　　　　　　　　　　　　　　　答案：A

二、听下列对话，选择正确答案

1. 男：刚才我看到哈利一脸不高兴的样子，这究竟是怎么回事啊？

   女：你问我，那我去问谁啊？

   问：女的是什么意思？

   A. 她要去问别人　　B. 她答不上来　　　C. 她会问哈利　　答案：B

2. 男：昨天我刚上车就遇到了堵车，我想与其迟到，还不如回去呢，所以就没来开会。

   女：这难道也算是理由吗？

   问：对于男的的解释，女的感到怎么样？

   A. 实在不可理解

   B. 男的是在开玩笑

   C. 不能不算是理由　　　　　　　　　　　　　　　　答案：A

3. 女：昨天，我去了你们公司的职员宿舍，觉得他们的住宿条件还不太好。
   男：是应该改善一下了，可其中有很多复杂的问题要解决。
   问：关于职员住宿条件的问题，男的是什么意思？
   A. 已经有改善了
   B. 不容易一下子解决
   C. 因为复杂而无法改善　　　　　　　　　　　　　　　答案：B

4. 女：师傅，我的汽车什么时候能修好？
   男：现在刚12点，我想在两个小时之内能修好。
   问：女的什么时候能取车？
   A. 上午10点　　　B. 下午1点　　　C. 下午2点　　答案：C

5. 女：听说你对地理知识很感兴趣，考一下你怎么样？
   男：你问吧。别看我别的方面不行，可对这方面的知识还是充满信心的。
   问：男的认为自己怎么样？
   A. 地理知识比女的多
   B. 有信心学习别的知识
   C. 能答得上女的问题　　　　　　　　　　　　　　　答案：C

6. 男：昨天的那场汽车表演惊险极了，以后我也试一下。
   女：他们是专门从事这方面表演的，你怎么能模仿呢？
   问：男的想干什么？
   A. 从事汽车表演
   B. 模仿他看到的惊险动作
   C. 专门看汽车表演　　　　　　　　　　　　　　　　答案：B

7. 男：今晚咱们去听音乐会，怎么样？
   女：今晚抽不出空了，我已经答应帮隔壁邻居照顾小孩了。
   问：女的邻居今晚可能怎么样？
   A. 要去听音乐会
   B. 要照顾隔壁的小孩
   C. 有事要出去　　　　　　　　　　　　　　　　　　答案：C

8. 男：我已经向黄英道歉了，可她怎么还是不高兴呢？
   女：李阳，我看你得再分析一下原因，可能是态度还不够诚恳吧。
   问：女的认为李阳要分析的是什么？
   A. 要道歉的原因
   B. 道歉时的态度
   C. 什么是诚恳的态度   答案：B

9. 男：为什么这条马路总是堵车，你们交通管理部门分析过原因吗？
   女：我们要先调查一下，然后再分析和研究怎么解决。
   问：要解决堵车的问题，首先应该做什么？
   A. 调查情况   B. 分析原因   C. 研究方法   答案：A

10. 男：昨天环境管理部门来我们公司检查，要求我们增加处理污染的设备。
    女：这的确是需要的，下午你就动手做这件事情吧。
    问：男的会做什么？
    A. 检查污染的情况
    B. 请管理部门来检查
    C. 解决设备的问题   答案：C

三、听下列课文，并做练习

大永：丽莎，你们的老师怎么样？

丽莎：我们的老师姓唐，是个很严格的老师。

大永：他是一个很严肃的人吗？

丽莎：不是。他上课的时候可幽默了，并且很善于跟学生交流。

大永：那你们上课的时候一定感到很轻松，很愉快吧？

丽莎：那当然。但我们不认真的时候，他会变得很严肃，因为他对我们的要求很高。

大永：那你现在的汉语水平一定提高了不少吧？

丽莎：是的。在我们学习的过程中，唐老师为我们付出了大量的时间和精力啊!

大永:那你可得更认真地学习。

丽莎:是的。不论遇到多大的困难,我都会尽量克服困难,坚持学下去的。

练习

(一)听两遍,辨别对错

1. 唐老师对学生的要求很严格。　　　　(对)
2. 丽莎觉得唐老师是个幽默的人。　　　(对)
3. 唐老师从来不会严肃地对待学生。　　(错)
4. 丽莎很善于跟同学交流。　　　　　　(错)
5. 丽莎决定要克服一切困难。　　　　　(对)

(二)再听一遍,回答问题

1. 唐老师上课的时候是怎样的?
2. 什么时候唐老师会很严肃?
3. 丽莎觉得上唐老师的课怎么样?
4. 为了教好学生,唐老师是怎样做的?
5. 丽莎的决定是什么?

课文二

"佳佳旅行社"从成立开始就充分认识到,要想把服务业做好,最关键的一点就是要保证服务质量。因此,旅行社的领导一直实行严格的管理。在每一次旅游结束后,他们都会对旅游的情况进行调查。例如,了解游客对导游的满意程度,还存在哪些方面的问题,需要采取哪些改进措施,等等。对于游客提出的意见,只要是符合实际情况的,他们都会非常重视,并研究解决的方法,防止今后再出现同样的问题。他们认为,只要坚持这样做,将来就一定能不断改善服务质量,让更多的游客满意,并从而能进一步扩大旅行社的规模。

第二十九课

练习

（一）听两遍，选择正确答案

1. "佳佳旅行社"认为什么是最重要的？

   A. 领导的水平　　　B. 导游的水平　　　C. 服务的水平　　　答案：C

2. "佳佳旅行社"的特点是什么？

   A. 游客对导游很满意

   B. 管理上很严格

   C. 常常调查服务业的情况　　　　　　　　　　　　　　　　答案：B

3. 他们调查的范围不包括以下哪一点：

   A. 导游的情况　　　B. 游客的规模　　　C. 需要改进的措施　答案：B

4. 他们很重视游客意见的原因是什么？

   A. 避免再出现同样的问题

   B. 游客的意见都是符合实际的

   C. 他们要研究解决的方法　　　　　　　　　　　　　　　　答案：A

5. 他们希望将来怎么样？

   A. 扩大旅行社的规模

   B. 能实行严格的管理

   C. 对旅游情况进行调查　　　　　　　　　　　　　　　　　答案：A

（二）再听一遍，回答问题

1. "佳佳旅行社"从成立开始就认识到了什么？

2. 旅行社的领导一直实行怎样的管理？

3. 他们对旅游情况的调查包括哪些方面？

4. 他们是怎样对待游客意见的？

5. 他们将来的目标是什么？

第三十课

一、听下列句子，选择正确答案

1. 李阳，我们都是老朋友嘛，只要是我力所能及的，你说一声就是。

   问：说话人是什么意思？

   A. 有力气帮李阳做事

   B. 可以让李阳说话

   C. 愿意帮李阳的忙　　　　　　　　　　　　　　　　　　　答案：C

2. 别看金大永总是那么开心，可偶尔也有伤心的时候。

   问：金大永伤心的时候多不多？

   A. 比较多　　　　　B. 很少　　　　　C. 不算少　　　答案：B

3. 我学的那几句英语已经长期不用了，怎么还记得呢？

   问：这句话是什么意思？

   A. 他已经忘了学的英语

   B. 他还记得几句英语

   C. 他学英语学了很久　　　　　　　　　　　　　　　　　　答案：A

4. 芳子，唐老师生病住院了，只能等他出院后再给你补课了。

   问：唐老师会怎么样？

   A. 马上住院　　　B. 在医院等芳子来　　C. 给芳子补课　　答案：C

5. 这学期结束后，有些同学要回国了。在欢送会上，丽莎的眼泪都要出来了。

   问：丽莎为什么要哭了？

   A. 她要跟同学分别了

   B. 她马上要回国了

   C. 她觉得很伤心　　　　　　　　　　　　　　　　　　　　答案：A

6. 李阳，王欣不是提醒过你八点集合吗，你怎么不记得了？

　　问：李阳怎么了？

　　A. 忘了集合的时间

　　B. 还记得八点集合

　　C. 没提醒王欣几点集合　　　　　　　　　　　　　　答案：A

7. 在公共汽车上，我最讨厌别人挨着我站了。

　　问：在公共汽车上，说话人不喜欢别人怎么样？

　　A. 一直站着　　　B. 讨厌她站在旁边　　C. 站得离她很近　　答案：C

8. 虽然我也想研究这种奇怪的现象，可这暂时还不是我力所能及的事。

　　问：关于这种奇怪的现象，说话人是什么意思？

　　A. 自己可以研究

　　B. 自己没有能力研究

　　C. 想尽量进行研究　　　　　　　　　　　　　　　答案：B

9. 丽莎到了后，欢送会的气氛才活跃起来。

　　问：丽莎来到欢送会之前可能是怎样的？

　　A. 欢送会还没开始　B. 气氛比较活跃　　C. 没有什么人说话　答案：C

10. 既然没有人可以给我当翻译，那我就不去法国了。

　　问：说话人不去法国的原因是什么？

　　A. 自己不是翻译　　B. 那儿没人会说法语　C. 自己不懂法语　答案：C

二、听下列对话，选择正确答案

1. 女：李伯伯，您还记得我的名字吗？

　　男：我虽然年龄大了，可还不算糊涂，怎么会不记得你的名字呢？

　　问：李伯伯说的是什么？

　　A. 忘了女的名字

　　B. 自己有点儿糊涂

　　C. 可以说出女的姓什么　　　　　　　　　　　　　答案：C

2. 男：你看，我这台电脑还是挺新的，但一年多没用过了。

　　女：那你可得用一下，否则长期不用，也会坏的。

问：关于这台电脑，我们可以知道什么？

A. 一直不用会坏

B. 男的一直用了一年多

C. 女的用了一下　　　　　　　　　　　　　　　　　　　答案：A

3. 女：在昨天的欢送会上，我难过得眼泪都要出来了。

男：我能理解，你和同学们在一起这么多年，已经建立了深厚的感情啊！

问：女的为什么很难过？

A. 她的同学都走了

B. 男的对她没有感情

C. 要跟同学们分别了　　　　　　　　　　　　　　　　　答案：C

4. 女：你别催我好不好，没看见我还在整理行李吗？

男：怎么能不催你呢？否则，不知道什么时候才能走呢！

问：男的认为自己应该怎么样？

A. 帮女的整理行李　B. 不能催女的　　C. 催女的快点儿走　答案：C

5. 男：哈利想让我辅导他HSK语法，你看我是接受好呢，还是拒绝好呢？

女：你根本不知道语法是怎么回事，这可不是你力所能及的事。

问：对于辅导哈利的要求，女的认为男的应该怎么做？

A. 只能拒绝　　　　B. 可以接受　　　C. 尽量去做　　　答案：A

6. 男：这两天我得坐飞机去一次南方。你看，我是明天去还是后天去？

女：天气预报说后天有大雪，你还是明天去吧。否则，就可能走不了了。

问：男的后天走可能会遇到什么情况？

A. 南方会下大雪　　B. 没有充足的时间　C. 航班被取消　　答案：C

7. 女：李阳，你怎么不看电视呢，是不喜欢吗？

男：不是。我刚帮一家贸易公司翻译完资料，眼睛累得不得了。

问：李阳为什么不看电视？

A. 不喜欢看电视

B. 要去公司翻译资料

C. 要让眼睛休息一下　　　　　　　　　　　　　　　　　答案：C

8. 女：哈利，昨天你们上口语课时的气氛怎么样？
   男：开始的时候比较活跃，可老师问了几个比较难的问题后，就逐渐没声音了。
   问：哈利说昨天口语课的气氛怎么样？
   A. 一直都很活跃
   B. 后来不活跃了
   C. 后来才逐渐活跃起来　　　　　　　　　　　　　　　　答案：B

9. 女：我的桌子不是挨着你的桌子吗，你怎么只擦自己的呢？
   男：不好意思，我一时想到了别的事，不是故意的啊！
   问：男的没有做什么？
   A. 擦自己的桌子　　B. 擦旁边的桌子　　C. 故意不擦女的桌子　　答案：B

10. 男：经你这么一说，我才知道这儿的水资源并不丰富。
    女：是啊，这儿的水资源很宝贵，所以我们可不能浪费啊！
    问：男的原来以为这儿怎么样？
    A. 水资源很丰富
    B. 有很多宝贵的东西
    C. 没有人浪费　　　　　　　　　　　　　　　　　　　　答案：A

三、听下列课文，并做练习

课文一

李阳：黄英，最近你的脸色显得不太好，公司里忙不忙呀？

黄英：忙得不得了！每天都要处理大量贸易方面的业务，弄得我晚上只能睡四五个小时。

李阳：那你可得注意身体，别累得生病了，每天至少要保证睡七八个小时吧。

黄英：李阳，这怎么可能？即使这样，老板还每天都催着我快点儿干呢。

李阳：既然这样，那你就干脆换个轻松、省事点儿的工作吧。

黄英：这个工作还是符合我的兴趣，只是我刚开始做，还不太熟悉业务。

李阳：那你再干一段时间后，会逐渐熟悉的，工作效率也会越来越高的。

黄英：我也相信，按照我的能力是能够做到的。

李阳：你有这样的决心就好，可也不能顾不上休息啊！

黄英：谢谢，我会尽量注意的。

练习

（一）听两遍，选择正确答案

1. 黄英的脸色为什么不太好？
   A. 她生病了
   B. 她睡觉睡得太少
   C. 她觉得很烦恼　　　　　　　　　　　　　　　　　　答案：B

2. 黄英很忙的原因是什么？
   A. 来不及处理业务
   B. 喜欢拼命地工作
   C. 觉得不能浪费时间　　　　　　　　　　　　　　　　答案：A

3. 李阳建议黄英换个怎样的工作？
   A. 黄英熟悉的　　B. 贸易方面的　　C. 事情不太多的　　答案：C

4. 黄英觉得现在的工作怎么样？
   A. 没有意义　　　B. 很有意思　　　C. 比较省事　　　答案：B

5. 黄英相信自己能怎么样？
   A. 有能力做这个工作
   B. 注意自己的身体
   C. 找到符合自己兴趣的工作　　　　　　　　　　　　　答案：A

（二）再听一遍，回答问题

1. 李阳认为黄英每天应该睡多长时间？
2. 黄英的老板每天都怎么样？
3. 现在黄英还不熟悉业务的原因是什么？
4. 黄英的决心是什么？
5. 李阳让黄英别顾不上什么？

第三十课

课文二

李阳：王欣，昨天我看到丽莎在擦眼泪，是不是遇到了什么伤心的事啊！

王欣：唉！你观察得挺仔细的。前几天，哈利提出要跟她分手了。

李阳：我觉得他俩在一起这么多年了，应该已经建立起了深厚的感情，怎么会这样？

王欣：丽莎说，她也不知道这究竟是怎么回事。

李阳：那么，是哈利有了新的女朋友，还是他觉得和丽莎性格不合呢？

王欣：我看都不是。哈利现在没有接触过什么女同学，而且他俩的性格都挺活跃的。

李阳：那按照你的分析，是什么原因呢？

王欣：我也有点儿糊涂了，也不知道怎么安慰她才好。李阳，你去安慰她一下吧。

李阳：这可不是我力所能及的事，而且我觉得丽莎与其伤心，还不如干脆算了。

练习

（一）听两遍，选择正确答案

1. 李阳观察到了什么？

   A. 丽莎遇到了难过的事

   B. 丽莎要离开哈利了

   C. 哈利要跟丽莎分手 　　　　　　　　　　　　　　答案：A

2. 李阳认为丽莎和哈利之间的感情怎么样？

   A. 还不算深厚　　　B. 谁也说不清楚　　C. 已经建立起来了　答案：C

3. 哈利是个怎样的人？

   A. 喜欢接触女同学的人

   B. 性格很活跃的人

   C. 对别人没有感情的人 　　　　　　　　　　　　　答案：B

4. 王欣觉得糊涂的是什么?
   A. 丽莎为什么伤心
   B. 李阳为什么不安慰丽莎
   C. 哈利为什么跟丽莎分手　　　　　　　　　　　答案：C
5. 对于丽莎的事,李阳的看法是什么?
   A. 没有必要伤心
   B. 保持跟哈利的关系
   C. 应该好好安慰丽莎　　　　　　　　　　　　　答案：A

(二) 再听一遍,回答问题
1. 丽莎为什么会擦眼泪?
2. 李阳认为丽莎和哈利应该有感情吗?
3. 王欣知道哈利要跟丽莎分手的原因吗?
4. 李阳会去安慰丽莎吗?
5. 李阳认为丽莎应该怎么样?